CEU - CEFAS
Centro de Estudios, Formación
y Análisis Social

CEU
Instituto de Humanidades
Ángel Ayala

CEU
Instituto de Estudios
de la Familia
Universidad San Pablo

Política, Derecho y Educación: líneas para un pacto educativo

Patricia Santos-Rodríguez

Ana Sánchez-Sierra Sánchez

Política, Derecho y Educación: líneas para un pacto educativo

CEU *Ediciones*
Julián Romea 18, 28003 Madrid
Teléfono: 91 514 05 73, fax: 91 514 04 30
Correo electrónico: ceuediciones@ceu.es
www.ceuediciones.es

ISBN: 978-84-19976-17-8

Deposito legal: M-7034-2024

Maquetación: Forletter

Índice

Listado participantes LIDERU

Antonio Alonso Marcos

José Manuel Amiguet Esteban

Luis Mariano Bártoli

Alberto Bárcena Pérez

Remigio Beneyto Berenguer

Emili Boronat Márquez

Beatriz Bullón de Mendoza

Amable Cima Muñoz

Juna García-Gutiérrez

Maria Rosario Gozález-Martin

Ignasi Grau I Callizo

Juan José Guardia Hernández

Ana Jiménez Perianes

Sara Kells

Fernando Lostao Crespo

Luis Manuel Martínez-Domínguez

Iván Darío Moreno Acero

Miryam Muñoz Guitart

Leticia Porto Pedrosa

Brenda Liz Rocha Narváez

Patricia Santos-Rodríguez

Carmen Sánchez Maillo

Ana Sánchez-Sierra Sánchez

Lydia Serrano Gregorio

Ana Verde Trabada

Lineas para un pacto educativo. Explorando la opinión de los agentes educativos

1. Resumen ejecutivo

En España, la duración media de implementación de las leyes educativas es de cinco años. Desde la primera ley democrática de 1980 hasta la última aprobada por el Partido Socialista (LOMLOE) han pasado cuarenta años; de las que más de la mitad han sido implementadas hegemónicamente por el Partido Socialista Obrero Español. Estos sencillos datos introductorios ponen en evidencia que la mejora del sistema educativo a largo plazo en nuestro país requiere sí o sí de acuerdos sólidos y de estrategias políticas con vocación de permanencia. Este estudio indaga y describe las líneas básicas esenciales para poder sustentar y orientar ese necesario pacto educativo.

Explorando la opinión de los agentes educativos

El trabajo de campo de la encuesta se ha centrado en entidades de la sociedad civil que juegan un papel primordial en la gestión de la educación (asociaciones de familias, asociaciones y sindicatos de profesores, grupos educativos relevantes, think tanks educativos etc.). Para la elaboración del cuestionario hemos recogido e integrado elementos de dos filosofías educativas contrapuestas de cara a la integración de elementos que pueden conformar un sólido pacto educativo. Estas posturas educativas son por un lado el personalismo educativo (Max Scheler, Martin Buber, Karol Wojtyla) y, por otro, la filosofía comunitarista cuyo exponente más conocido es Amitai Etzioni.

 El cuestionario está compuesto de tres bloques principales. Un primer bloque referido a principios educativos, un segundo bloque enlazado con objetivos educativos y un último bloque, versado sobre instrumentos y medidas educativas concretas, como el cheque escolar entre otras. El diseño del cuestionario ha constado de una pregunta abierta por bloque, donde se han recogido aspectos cualitativos u opiniones que pudieran haberse escapado en el diseño de la investigación. Exceptuando alguna pregunta dicotómica, en su gran mayoría se ha utilizado la escala de valoración tipo *Likert*. Este tipo de escala es útil para medir la opinión sobre un aspecto y el grado de importancia. Donde los extremos presentan posturas contrarias: 4 correspondería con un aspecto muy importante o esencial para un futuro acuerdo educativo y cero un aspecto perjudicial, sobre el que se estaría totalmente en desacuerdo.

Los principios educativos

Desde el punto de vista de los principios educativos, sobre los que descansa el sistema de enseñanza, el diseño del cuestionario abarcó 36 ítems. De ellos, el principio con una con una mayor puntuación media comprende la atribución al Estado de un papel hegemónico en la gestión y responsabilidad del sistema educativo con 3,9 de puntuación media. Conjugado con la importancia de formas de inspección no estatales e independientes con 3,8 de puntuación media. En sentido contrario y, a la vez congruente, los encuestados manifiestan como poco relevante que el Estado sea subsidiario de la sociedad civil que materia de gestión y responsabilidad educativa (puntuación media 2,4).

La igualdad entendida como un acceso igualitario a la educación superior es también esencial, presentando una puntuación más destacada que la mera equidad del sistema. La libertad de elección de centro presenta una puntuación de 3,7 puntos; un punto mayor que la equidad del sistema. Otras preguntas de la encuesta nos permiten delimitar las cualidades de ese principio. Cuando se pregunta si les parece importante la libertad de conciencia de las familias, especialmente en materias como la formación moral y religiosa, el apoyo es claro teniendo una puntuación promedio alta de 3,3 puntos.

Desagregando estos resultados por alumnado, profesorado u otros agentes como familias, asociaciones o gestores educativos podemos concluir que desde el punto de vista del alumnado el principio más valorado sería la calidad educativa. Desde la perspectiva del profesorado, el acento recae sobre la importancia de la búsqueda de la excelencia y desde la perspectiva de otros agentes educativos la libertad de elección de centro educativo.

Los objetivos educativos

Los objetivos son las ideas marco que deben concretar y desarrollar los principios generales del sistema educativo, posteriormente estos objetivos se precisan en elementos curriculares concretos y competencias a desarrollar por los alumnos. Este bloque de preguntas se compuso por un total de 31 ítems. Los objetivos, *grosso modo*, se clasifican en generales y específicos. Los objetivos generales comprenden aspectos sociales y valores del sistema educativo. Los objetivos específicos apuntan a un determinado resultado de aprendizaje, a aspectos metodológicos o de contenidos de la enseñanza. Los objetivos con una mayor puntuación media muestran un equilibrio entre los dos subconjuntos de objetivos.

Dentro de los objetivos generales destacan la importancia de conseguir responsabilidad social y personal del alumnado; la educación en el esfuerzo y la resiliencia junto con la adquisición de valores de respeto y tolerancia, con una puntuación promedio de 3,8. Otros objetivos destacables son la importancia de la cohesión social como objetivo educativo que permita una convivencia saludable y la importancia de una educación moral en valores sociales y cívicos (puntuación 3,7).

Los objetivos específicos más valorados por orden de importancia serían la importancia de alcanzar como meta una correcta expresión oral y escrita en el alumnado (puntuación media más alta de 3,9). El análisis de la encuesta deja traslucir que los encuestados dan una mayor importancia a contendidos sociales e históricos que a los estrictamente científicos o tecnológicos. Los contenidos de índole estética o artística, aun siendo importantes, estarían por debajo de los conocimientos tecnológicos. Destaca por su importancia el objetivo de educar en la adquisición de lógica y razonamiento con un 3,8 de puntuación media.

Los resultados muestran como objetivos educativos innecesarios o superfluos: empoderamiento femenino (1,9 puntuación media), educación afectiva, género y sexual (2,4 puntuación media) o de cambio climático (con una puntación den2,5).

Los instrumentos y herramientas educativas

En este último bloque se aborda las diversas herramientas económicas, sociales y pedagógicas que pueden guiar las grandes líneas políticas de mejora del sistema educativo. El objetivo es testar el grado de acuerdo o desacuerdo, necesidad o conveniencia de cuestiones que han estado en el debate político y educativo. El conjunto de medidas son un total de 10 y abarcan desde cuestiones económicas a medidas de gestión y organización escolar y curricular, como la presencia de ciertas asignaturas y de las lenguas cooficiales en el currículum escolar.

Desde el punto de vista económico se apoya las soluciones económicas que tengan como resultado el apoyo a la elección de centro educativo por parte de las familias con menos recursos (puntuación 3,6 puntos). Entre estas medidas estarían los conciertos económicos o el cheque escolar. Además, se considera que la competencia entre centros educativos puede favorecer la calidad de enseñanza (3,5 puntos).

Respecto a las diversas cuestiones relacionadas con el diseño curricular y la gestión escolar encontramos, por orden de importancia el apoyo claro a la igualdad en las pruebas de acceso a la universidad, es decir, una prueba de selectividad o EVAU igual en todo el territorio nacional (3,9 puntos). En lo aspectos relacionados con la evaluación de los resultados de aprendizaje se apuesta por la evaluación tradicional numérica, sin descartar un modelo mixto en los que la calificación numérica sea complementada por un informe de desarrollo de competencias específicas de cada alumno. La puntuación promedio de ambos ítems es de 3,4 puntos. Hay un apoyo básico a la necesidad de los deberes académicos para superar reforzar la insuficiencia de los conocimientos adquiridos por el alumno (3,1 puntos). Por último, hay que destacar que, aunque uno de los principios básicos del sistema apuntaba al Estado como un papel esencial en la educación, cuando se trata de regulación de los contenidos, queda rechazada la afirmación de que el Estado regule la totalidad de los contenidos (la puntuación es 1,7).

Cuestión lingüística, asignatura de religión y filosofía en el currículo escolar.

La cuestión territorial y lingüística y la enseñanza de la religión y de la filosofía han sido cuestiones presentes en el debate público. Al respecto, el resultado es claro. Los encuestados valoran como muy importante cursar en castellano todo el currículo educativo, en todo el territorio nacional. Del mismo modo, es significativo y necesario que la enseñanza religiosa esté presente en el sistema y que sea evaluable; con la única salvedad de la libre elección o demanda de los padres y la posibilidad de una asignatura alternativa en ética y valores.

El cuestionario plantea si les parece necesario el estudio de autores clásicos de Filosofía en todas sus épocas. El promedio de la puntuación es muy alto de 3,9, por tanto, es una materia muy importante. Valoraciones muy similares tiene la necesidad del estudio de la Historia universal y de la Historia de

España. Ante la pregunta expresa sobre la necesidad de eliminar alguna época histórica o de algún filosofo la respuesta es 100% negativa.

Conclusiones

El estudio detalla el conjunto de principios, objetivos y herramientas educativas básicas que permitirán sustentar un diálogo social en aras de garantizar un sólido acuerdo educativo. La estabilidad normativa necesaria descansa en la promoción de la inclusión y equidad en libertad. El reto es hacer compatible el principio de igualdad, la calidad del sistema y la libertad del mismo. Dado el papel hegemónico del Estado en la gestión y ordenación educativa, que recoge este trabajo, el camino es introducir medidas específicas por parte de éste que vayan encaminadas a garantizar el acceso a una educación de calidad para todos los estudiantes, independientemente de sus circunstancias socioeconómicas.

2. Introducción

Patricia Santos-Rodríguez

Como bien sabemos, la educación desempeña un papel fundamental en el desarrollo de las sociedades modernas. Es un pilar crucial para el progreso social, económico y cultural de cualquier nación. Tanto la educación de las personas como las políticas educativas implementadas por los gobiernos son elementos interconectados que tienen un impacto significativo en el presente y el futuro de una sociedad.

La especie humana es la única que educa, en el sentido más pleno de la palabra. La educación no sólo "saca" (e-ducere) lo mejor de cada uno, sino que desarrolla ese potencial, facilitando la transición hacia la madurez a través del conocimiento y del crecimiento en las inteligencias, en valores y capacidades.

El proyecto de investigación que nos ha ocupado durante dos años, proponía concluir con una encuesta general que se haría a diferentes entidades de la sociedad civil que juegan un papel primordial en la gestión de la educación (asociaciones de familias, asociaciones y/o sindicatos de profesores, grupos educativos relevantes en el entorno español, think tanks educativos, etc). Se procuró que en lista estuvieran "todos". Se encargó la encuesta a la empresa Consulting C3, que realizó las llamadas, facilitó la encuesta y compuso el análisis estadístico de los resultados obtenidos. El proyecto de investigación culmina con la reflexión en torno a los resultados de la encuesta realizada. No todos los agentes contestaron las preguntas. En algún caso se llegó a contestar a la consultora que las preguntas eras "sesgadas". Se adjunta al final la lista de preguntas circulada, y el análisis de los resultados.

En esta introducción queremos manifestar la intención "inclusiva" del grupo investigador. Precisamente por la importancia de la educación y de las políticas que se formen en torno a ella, nuestra investigación ha buscado promover encuentro, diálogo y consenso en el grupo investigador y en el acercamiento a todos los actores significativos en el campo educativo español. Tras la aprobación de la Ley orgánica de educación, que parece contemplar la educación sólo desde determinado signo político, nos hemos atrevido a proponer a la reflexión de los agentes educativos alternativas que visibilizasen otras formas de entender la educación que también cuentan con alto respaldo sociológico (por la representatividad social que avala a los grupos que han contestado estas encuestas).

En esta línea de integrar diferentes formas de comprender la educación, nos hemos esforzado en esta introducción por armonizar la importancia de la educación desde dos corrientes filosóficas de distinto énfasis. Como veremos ambas comparten un enfoque humanista del fenómeno educativo, sin llegar a comprenderse mutuamente. Un reflejo de lo que sucede en el ámbito social educativo, donde confluyen vocacionalmente fuerzas antagónicas. Veamos si es posible alcanzar una síntesis en torno a la educación tanto desde la perspectiva filosófica del personalismo (con Scheler[1], Buber[2] y Wojtyla[3], entre otros), como desde la que ofrece el comunitarismo (p.e. Etzioni). Personalistas y comunitaristas han dejado importantes contribuciones al pensamiento filosófico en el ámbito educativo, destacando la importancia de la persona como centro del proceso educativo y la formación en valores éticos para una educación integral y significativa, así como el impacto de la educación en la dimensión relacional y comunitaria de la vida humana. Nuestra tesis: toda educación es política, quizá la más importante, si no la esencial.

Ofrecemos a continuación los principales argumentos filosóficos en favor de la educación que cada posición filosófica propone. En la búsqueda de un sistema educativo que trascienda lo meramente académico y promueva el desarrollo integral de los individuos, surge el enfoque personalista de la educación. Esta perspectiva pone al ser humano en el centro del proceso educativo, reconociendo su dignidad y singularidad. El personalismo sustenta la visión de la educación como principal vehículo para el crecimiento personal, la formación en valores y la construcción de una sociedad más humana y solidaria.

Una de las primeras afirmaciones que encontramos en el personalismo es la de la dignidad del ser humano en el proceso educativo. El personalismo reconoce la dignidad innata de cada individuo. Cada estudiante es una persona, y como tal, con capacidades, talentos y potencialidades únicas[4]. La educación personalista se fundamenta en la idea de que la persona debe ser respetada en su individualidad y tener la libertad de desarrollar su propio camino de aprendizaje, por ser alguien más que un mero receptor de conocimientos. Es un ser racional, emocional y social, cuyo crecimiento requiere atención integral en todas estas dimensiones. La educación personalista busca cultivar la inteligencia emocional, la empatía y el sentido de comunidad, promoviendo así una formación completa que enriquezca la vida del estudiante.

Otra de las grandes afirmaciones del personalismo en torno a la educación es su capacidad socializadora, viéndola como un proceso de encuentro con el otro. El personalismo enfatiza el valor de la relación humana[5], también en el proceso educativo. Por ejemplo, presta atención al vínculo que se establece de manera innegable entre educador y estudiante, considerándolo un vínculo humano esencial para promover un ambiente propicio para el aprendizaje y el desarrollo personal[6]. Para el personalismo -y creemos que para gran parte de quienes ejercemos la educación en algún lugar formativo- el educador no solo transmite conocimientos, sino que también se preocupa por el bienestar emocional y moral del estudiante, brindándole apoyo y orientación. El profesor "profesa" no sólo impartiendo conocimien-

---

1   Max Scheler (1874-1928): Filósofo y sociólogo alemán, Max Scheler abordó temas relacionados con la educación desde una perspectiva personalista. En su ensayo *Esencia y forma de la simpatía* (1943), enfatizó la importancia de la educación como medio para el desarrollo de la persona y la formación de valores éticos

2   Martin Buber (1878-1965): Filósofo y teólogo judío, Martin Buber también escribió sobre la educación desde una perspectiva personalista en su obra *Yo y tú* (1962). Buber abogó por una educación que promueva el encuentro auténtico entre las personas y enfatizó la importancia de las relaciones interpersonales en el proceso educativo de manera dialógica.

3   Karol Wojtyła (1920-2005): Más conocido como el Papa Juan Pablo II, Karol Wojtyła también escribió sobre la educación desde una perspectiva personalista en su obra *Persona y acción* (1969). En este libro, aborda temas relacionados con la educación sexual y el desarrollo integral de la persona como ser humano

4   Wojtyla, K., Wojtyla, K., *Persona y acción*, Biblioteca Palabra, Series Pensamiento num. 40, Madrid 1990. Cfr. pp. 84-85 y 104-111.

5   Wojtyla, K., op.cit., pp. 343-347.

6   Buber, M., *Yo y tú y otros ensayos*. (Traducido por Marcelo G. Burello) 2ª edición, Prometeo, Buenos Aires 2013. Pp. 182-183, sobre la confianza.

tos, sino sobre todo a través de su humanidad y de su trato dentro y fuera del aula, al relacionarse con sus compañeros y con los alumnos[7]. En este enfoque, el aula se convierte en un espacio de encuentro donde se fomenta el diálogo, el respeto mutuo y la participación activa. Los valores de solidaridad y cooperación se enseñan mediante el ejemplo, lo que ayuda a construir una comunidad educativa más unida y cohesionada.

Otro gran argumento del personalismo en la educación que encuentra una amplia aceptación entre educadores gira en torno a la idea de educación en sentido amplio, incluyendo los valores[8]. El personalismo reconoce que la educación no solo debe enfocarse en el desarrollo intelectual, sino también en la formación en valores y la ética. Busca transmitir principios éticos universales, como la justicia, la tolerancia, la simpatía y la compasión, que guíen el comportamiento de las personas en su sociedad[9]. Además, la formación en valores fortalece el carácter del estudiante y le prepara para enfrentar los desafíos de la vida con integridad y responsabilidad[10]. Al inculcar en los alumnos la práctica de virtudes como la honestidad, la solidaridad y la humildad, la educación personalista contribuye a la construcción de una sociedad más justa y equitativa.

La educación personalista, como cualquier otro modelo educativo, es una opción política, incluso aunque trate de evitarse en el aula toda referencia o directriz político-ideológica[11]. Es política, porque se da en la relación con los demás y porque prepara los mimbres de la sociedad futura. Tiene el potencial de generar un impacto significativo en la sociedad, al enfocarse en el desarrollo integral del individuo y la promoción de valores éticos, esta perspectiva educativa contribuye a la formación de ciudadanos comprometidos y conscientes de su papel en la construcción de una sociedad más humana y solidaria[12].

El personalismo en la educación fomenta el compromiso cívico de profesores y alumnos mediante su encuentro[13], mediante las leyes de la simpatía[14] que nos llevan a percibir al otro como fenómeno interrelacional: la participación activa en la vida social, política y cultural, lo que puede impulsar cambios positivos en la sociedad, no sólo buscando el propio bienestar, sino también el bien común[15]. El modelo personalista se presenta como un enfoque enriquecedor y transformador que coloca al alumno en el centro del proceso educativo. Al reconocer la dignidad y singularidad de cada persona, fomentar el desarrollo integral, cultivar valores éticos y promover el sentido de comunidad[16], este modelo educativo se

---

7   Buber, M., op.cit., p. 20.

8   Buber, M., op.cit. Ver entre otras: pp. 180, 182, 187-190, etc.; Scheler, M. *Esencia y forma de la simpatía* (traducido por José Gaos), Losada, Buenos Aires, 3ª edición, 1957. Ver pp. 222-225 y 300.

9   Scheler, M., op.cit., pp. 251-255.

10 Wojtyla, K., op.cit., pp. 198-200.

11 Buber, M., op.cit., pp. 184-185.

12 Wojtyla, K., op.cit., pp. 306-308 y 331-334.

13 Buber, M., op. cit., p. 21; Scheler, M., op.cit., pp. 283-307.

14 Scheler, M., op.cit. pp. 130-132.

15 Scheler, M., op.cit. pp. 321-341. Corvera, J.P., *Consecuencias educativas de la experiencia en Wojtyla*. TFM Master en Antropología personalista, Universidad Católica de Valencia, 3 marzo 2018. Pp. 54-67. Wojtyla, K. op.cit., teoría de la participación, ver pp. 314-322.

16 Buber, M., op.cit. pp. 179-187; Scheler, M., op.cit. pp. 175-177; Wojtyla, K., op.cit. idea de comunidad desarrollada en pp. 322-326.

convierte en una vía para construir una sociedad más justa, solidaria[17] y humana. El personalismo parece llevar a cabo una reflexión sobre la educación tomando como punto de partida su propio enfoque antropológico, buscando potenciar el crecimiento y desarrollo de cada persona y por ella, al bien común social[18].

Como decíamos, nuestro proyecto de investigación, la encuesta realizada y nuestra reflexión posterior, sólo aspiran a integrar pareceres que ordinariamente no parecen encontrarse. El contexto común de trabajo es una propuesta humanista y humanizadora de la educación, desde donde quiera tomarse en consideración. Hemos analizado las propuestas personalistas, señalando los argumentos donde encontramos mayor fuente de posible acuerdo, en línea de principios. Veamos ahora la propuesta de la filosofía comunitarista, de la mano de su principal exponente, el recientemente fallecido Amitai Etzioni[19].

Etzioni sostiene que la educación debe promover la participación comprometida de los estudiantes en la vida de la comunidad y fomentar la colaboración y el trabajo en equipo. Además, enfatiza en la importancia de la ética y la moralidad en el proceso educativo, con el objetivo de formar ciudadanos comprometidos y conscientes de su papel en la construcción de una sociedad más cohesionada y solidaria. Las ideas de Etzioni han influido en el desarrollo del comunitarismo como perspectiva filosófica y sociológica, y han sido relevantes para entender cómo la educación puede contribuir a la construcción de una comunidad más fuerte y responsable. En la era de la globalización y el individualismo desenfrenado, el comunitarismo de Amitai Etzioni emerge como una perspectiva filosófica que destaca la importancia de la comunidad en la formación de individuos responsables y comprometidos[20]. Desde esta óptica, la educación se convierte en una herramienta esencial para fortalecer los lazos sociales y promover un sentido de pertenencia y responsabilidad hacia el bienestar colectivo. Creemos que estos postulados cuentan también con un amplio respaldo y pueden generar consenso entre quienes nos dedicamos a la educación. Exponemos a continuación las principales ideas que nos ha parecido que pueden afianzar la necesidad de trabajar por un pacto de Estado en materia educativa.

Para Etzioni, la comunidad es el cimiento de la identidad personal. El ser humano encuentra su sentido de pertenencia y seguridad dentro de un grupo social que comparte valores, normas y objetivos comunes. La educación, desde esta perspectiva, tiene la responsabilidad de transmitir y fortalecer estos valores comunitarios, destacando el papel de la familia en esta cuestión[21]. Al hacerlo, la educación se convierte en una fuerza cohesiva que une a las personas y fomenta el respeto mutuo y la convivencia armoniosa[22].

---

17 Wojtyla, K., op.cit., pp. 331-334.

18 Wojtyla, K., op.cit., pp. 326-330.

19 Amitai Etzioni (1929-2023), sociólogo y filósofo israelí-estadounidense que ha desarrollado importantes ideas en torno al comunitarismo. En su obra *The spirit of community: rights, responsibilities, and the communitarian agenda* (1995) y otros escritos, Etzioni aborda temas relacionados con la educación desde una perspectiva comunitarista. Defiende la importancia de la comunidad en la formación de la identidad individual y la necesidad de cultivar valores éticos y responsabilidad hacia el bienestar colectivo.

20 Etzioni, A. *The spirit of community: rights, responsibilities, and the communitarian agenda*, Fontana, London 1995. Pp. 23-53.

21 Ibid. Pp. 54-66.

22 Ibid. Pp. 89-115.

La educación en la perspectiva comunitarista busca cultivar un sentido de responsabilidad hacia los demás y hacia el bien común, enfocándose en la importancia de la colaboración para abordar los desafíos sociales; de ahí que el modelo educativo busque fomentar el compromiso cívico, alentando a los estudiantes a contribuir positivamente a la comunidad en la que viven[23].

El comunitarismo destaca la importancia de la ética y la moralidad en la vida de las personas y, por ende, en la educación. Para Etzioni, la educación debe enseñar y promover valores morales que guíen el comportamiento hacia el bien común. Este modelo educativo busca trascender la búsqueda individualista del éxito y rescatando el impacto positivo que cada persona puede tener en su comunidad. Busca inculcar valores como la responsabilidad, la empatía y la solidaridad, que refuercen el sentido de comunidad y promuevan el bienestar de todos[24]. Los modelos educativos inspirados en la filosofía comunitarista dan prioridad a la toma de decisiones colectivas y buscan involucrar a los alumnos en el sentido crítico acerca de las realidades sociales circundantes de manera que sean capaces de ofrecer alternativas y soluciones a los problemas de su entorno. Estos modelos se alejan de un hipotético modelo educativo centrado en la competencia individual y busca en cambio, fomentar el trabajo colaborativo y el pensamiento crítico. Se valora la diversidad de opiniones y se alienta el diálogo constructivo para encontrar soluciones a los problemas comunes.

Otro elemento de valor en la filosofía comunitarista es la consideración de la responsabilidad intergeneracional, que se preocupa de preservar y mejorar el bienestar de la comunidad a lo largo del tiempo. Se inculca la idea de que cada generación tiene la responsabilidad de dejar un legado positivo para las generaciones venideras[25].

La educación desde el punto de vista del comunitarismo de Amitai Etzioni ofrece una perspectiva valiosa para abordar los desafíos actuales de la sociedad. El autor menciona en particular en la obra citada la salud pública, el discurso del odio y la seguridad colectiva. Sus argumentos pueden extrapolarse a otras cuestiones, dada su perspectiva integradora. Sus fortalezas residen en la consideración del potencial educativo que reside en las comunidades humanas, en la promoción de valores morales y en la participación ciudadana. Esta visión educativa busca cultivar individuos responsables y comprometidos con el bienestar colectivo. La educación comunitarista invita a mirar más allá de los intereses individuales y a trabajar juntos para construir una sociedad más solidaria, cohesionada y justa para las generaciones presentes y futuras.

La consideración de estos dos enfoques filosóficos teóricamente irreconciliables pone de manifiesto una serie de preocupaciones comunes: la del cuidado de la educación, la de la educación como herramienta pre-política, más allá de la ideología, como punto de encuentro entre generaciones y elemento de solidaridad y cohesión, como elemento civilizador. Así definimos la importancia de la educación.

Las políticas educativas son cruciales, pues constituyen el medio que como democracia nos hemos dado para concretar y desarrollar nuestro presente y nuestro futuro como sociedad. Nos permitimos señalar

---

23   Ibid. Pp. 23-53.

24   Ibid. Pp. 227-237.

25   Ibid. Pp. 23-53.

los principales elementos que estimamos deben llevar todas las políticas educativas que busquen construir y consolidar un sistema educativo ajeno a los cambios de signo político en la España actual:

1. Equidad y libertad de acceso: se debe garantizar que todas las personas tengan igual acceso a una educación de calidad, adecuada a su necesidad, con independencia de su origen socioeconómico, género, etnia o ubicación geográfica. Esto ayuda a reducir las brechas educativas y sociales, asegurando que nadie quede atrás.

2. Calidad educativa: Las políticas educativas deben centrarse en la mejora continua de la calidad de la educación ofrecida. Esto implica la capacitación y motivación de los docentes, el acceso a recursos educativos actualizados y la implementación de metodologías pedagógicas efectivas, que promuevan un aprendizaje adecuado a la edad y al desarrollo psico-afectivo de los alumnos en cada estadio de su desarrollo. La calidad educativa debe incluir el esfuerzo de los alumnos, la evaluación de su aprendizaje y de sus competencias, y una base amplia de contenidos que le permitan conocer en profundidad la sociedad en la que vive: pasado, presente y futuro, siempre de manera adecuada a su madurez y capacidad intelectual.

3. Inversión en educación: Los gobiernos deben asignar recursos adecuados para el sistema educativo. La inversión en educación es una inversión en el futuro de la sociedad y tiene un impacto positivo en el desarrollo económico y social a largo plazo.

4. Supervisión, inspección, evaluación, rendición de cuentas: Las políticas educativas deben ser evaluadas regularmente por un cuerpo independiente con experiencia práctica (haber formado parte) de la gestión educativa, con capacidad verificada para medir la eficiencia y eficacia de las políticas y con capacidad de proponer ajustes necesarios sobre los que habrá una nueva evaluación y rendición de cuentas. La recopilación de datos y el seguimiento del progreso son fundamentales para asegurar que las políticas estén alcanzando sus objetivos.

Como ya hemos visto, la educación de las personas y las políticas educativas son pilares fundamentales para el desarrollo sostenible, la equidad y el bienestar general de una sociedad. Una educación de calidad saca lo mejor de cada estudiante y promueve una ciudadanía activa y responsable. Por otro lado, las políticas educativas bien diseñadas y ejecutadas garantizan el acceso equitativo y la libertad de educación en torno a la oferta y demanda de diferentes oportunidades educativas; promueven la innovación y el progreso, y aseguran que la educación sea una fuerza transformadora y un motor del desarrollo en cualquier sociedad.

El estudio y redacción de este Libro Blanco sobre la necesidad de alcanzar un pacto de estado en educación tiene como objetivo principal crear un documento fundamentado que presente una visión integral y consensuada de los desafíos educativos a los que se enfrenta hoy España. Las conclusiones de este libro tienen la intención de promover un diálogo constructivo entre diferentes actores involucrados en el sistema educativo, tales como políticos, académicos, profesionales de la educación, padres y estudiantes. Hemos buscado en todo momento destacar la importancia de alcanzar un pacto de Estado en materia de educación, es decir, un acuerdo amplio y duradero entre las diferentes fuerzas políticas y sociales para abordar los problemas y desafíos educativos de manera coherente y continua. Este pacto implica superar divisiones partidistas y promover una visión compartida que trascienda cambios de gobierno y permita una política educativa consistente y sostenible en el tiempo. Nuestro Libro blanco se basa en un proyecto de investigación[26] que ha recopilado y analizado datos relevantes, investigaciones académicas, buenas prácticas y experiencias internacionales en el ámbito educativo[27]. Su objetivo es transferir este conocimiento y análisis riguroso a los decisores políticos y a la sociedad en general, para que puedan tomar decisiones informadas y fundamentadas en la búsqueda de soluciones efectivas.

Al finalizar el proyecto de investigación nos ha parecido correcto tratar de aportar este Libro blanco, buscando promover una reforma educativa de futuro y consenso, ofreciendo una visión compartida de los desafíos y objetivos educativos que las diferentes fuerzas políticas y sociales pueden trabajar conjuntamente para diseñar políticas que trasciendan los ciclos electorales y prioricen el bienestar y el desarrollo del sistema educativo. El documento se nutre principalmente de una encuesta realizada respetando el anonimato de los encuestados, realizada con el respeto y custodia oportunos de esos datos por la consultora y debidamente eliminados tras su análisis con fines para la investigación social aplicada, se espera que su contenido sea objetivo y equilibrado, y que facilite la generación de consensos entre diferentes actores con intereses diversos en el ámbito educativo.

El estudio y redacción de este Libro Blanco sobre la necesidad de alcanzar un pacto de Estado en educación sólo pretende:

1. Promover un diálogo constructivo entre diferentes actores del sistema educativo.

2. Destacar la importancia de un pacto de estado en educación para lograr una política educativa coherente y sostenible en el tiempo.

3. Transferir conocimientos y análisis rigurosos a los responsables de la toma de decisiones políticas.

4. Servir como fundamento para una reforma educativa que trascienda los cambios de gobierno y promueva el consenso en la sociedad.

3. Metodología

El primer aspecto que deseamos reconocer es que denominar Libro Blanco al resultado de una encuesta que ha llegado a alcanzar el 50% de los encuestables, puede resultar demasiado ambicioso. Sin embargo, hemos decidido mantener su nombre para reconocer la actitud positiva por parte de quienes han querido sumarse a la iniciativa, sin dejarse llevar por prejuicios. Si bien la respuesta no ha sido todo lo cumplida que se deseaba por parte de los investigadores, sirve como punta de lanza de otros estudios que deseamos promover con la presencia del nuestro.

---

26 Proyecto de investigación de línea identitaria USPCEU (LIREDU) "Libertad y responsabilidad educativas: Fundamentos, aproximación crítica y líneas de acción" (MPFI20PS). IP. Patricia Santos-Rodriguez. El proyecto consta de 24 investigadores, miembros de universidades públicas y privadas, de Madrid, Valencia y Barcelona, todos ellos con acreditado currículo investigador en la temática educativa.

27 AA.VV. *La Libertad de educación. Un análisis interdisciplinar de sus presupuestos y condicionamientos actuales,* (dirigido por Patricia Santos-Rodriguez), Tirant lo Blanch, Valencia, 2021. Y también, AA.VV. *Libertad y responsabilidad educativas: claves para renovar el diálogo social* (dirigido por Patricia Santos-Rodríguez). Tirant lo Blanch, Valencia, 2022.

El objetivo final de la publicación es llegar a promover un Pacto de Estado en materia educativa, una meta que requerirá la movilización de la sociedad civil a un nivel mucho mayor que el que hemos podido lograr con nuestros modestos medios. Para que un Pacto educativo sea sólido necesita un amplio consenso y la consulta previa de las diversas entidades sociales del sector, desde los sindicatos, asociaciones del sector, asociaciones de docentes, asociaciones de padres. La encuesta preparada por el grupo de investigación pretendía llevar a cabo esta consulta de cara elaborar las bases esenciales de un futuro acuerdo educativo. Las entidades consultadas han sido, como se puede ver anexo, un amplio espectro, intentando que la muestra fuera significativa y representativa de los diversos sectores ideológicos y evitar así sesgos de este tipo.

La recolección de información ha sido realizada por una empresa especializada en estudios de mercado -Consulting C3- que ha utilizado diversas vías para obtener la muestra, especialmente, la entrevista telefónica y los e-mails de las entidades consultadas. Del universo disponible se han conseguido un 47,5% de respuestas, que conforman la muestra analizada en las páginas siguientes.

El cuestionario ha constado de tres bloques principales. Un primer bloque con 40 preguntas referidas a principios educativos. Un segundo bloque compuesto por 33 preguntas referidas a objetivos educativos. Y un último bloque, sobre instrumentos y medidas educativas con un total de 45 cuestiones. El diseño del cuestionario consta de una pregunta abierta por bloque, donde se han recogido aspectos cualitativos y opiniones de la muestra que han completado y delimitado aspectos del análisis. El resto de las preguntas son cerradas de tipo dicotómico (las opciones de respuesta serían sí o no); aunque en su mayoría, el cuestionario ha utilizado una escala de medición o valoración de tipo *Likert*. Este tipo de escala recoge una sucesión impar de valores. En este caso de cinco puntos. Donde los extremos representan posturas radicalmente contrarias: 4 correspondería con un aspecto muy importante, esencial o donde se estaría completamente de acuerdo y 0 un aspecto perjudicial donde se estaría totalmente en contra. Habría un centro de opinión que expresa un aspecto neutro o indiferente. Es una herramienta útil y confiable para medir no sólo la opinión sobre un determinado aspecto sino el grado de importancia. Esta cuestión de medición de grado es importante de cara a discernir los aspectos más importantes y esenciales para un futuro Pacto educativo y los aspectos superfluos que pueden ser aparcados en aras de un consenso educativo especialmente necesario.

Análisis de resultados. Ideas relevantes para un futuro pacto educativo

4. Los principios educativos

Ana Sánchez-Sierra

La educación es el ejemplo paradigmático de la idea del bien común; debido a las consecuencias que para la construcción de una sociedad tienen los principios educativos sobre los que se sustenta el sistema educativo. Dependiendo de estos principios, el sistema será más acorde con el ser humano y con su propia perfección. La *Enciclopedia* publicada en 1750 afirmaba, en el tomo quinto, que la educación de los niños era el "el objeto más interesante"[28]. Interesante para ellos mismos, para sus familias y para el propio Estado, que ha de recoger los frutos.

Todas las propuestas y los sistemas educativos descansan en principios, en enunciados o proposiciones básicas que sustentan el edificio. Por este motivo, es necesario explorar las ideas básicas más importantes que conforman el modelo educativo de los diversos agentes. El espíritu exclusivista y partidista (no sólo en el sentido de los diversos partidos políticos sino los diversos agentes educativos que conforman la comunidad educativa) no sería acorde con el propio ser de la educación.

Por este motivo, el diseño del cuestionario de la investigación ha procurado tomar datos de la muestra en conjunto y también individualizar el análisis discriminando por agentes. Teniendo en cuenta los principios más valorados en referencia al alumnado, profesorado y los diversos agentes educativos, como familias, asociaciones o gestores.

Desde un punto de vista general, se preguntó a los encuestados sobre 36 ítems referidos a principios educativos que deberían conformar un futuro pacto educativo; indicando su grado de acuerdo o desacuerdo sobre la importancia de su inclusión. Entre esos principios se abordaban cuestiones de organización escolar, valores generales del sistema, cuestiones de índole económica, valores más específicos como los referidos a cuestiones de género o medioambientales.[29] Siguiendo una escala de valoración tipo *Likert* dónde 0 sería un principio perjudicial para el sistema educativo y 4 correspondería con una cuestión muy importante, donde se estaría totalmente de acuerdo con su inclusión de un posible pacto educativo.

---

28   Artículo Educación de la Enciclopedia, traducido y recogido en documentos obra: Historia de la Educación en España. Ministerio de Educación y Ciencia. Madrid, 1985. p. 48

29   En el Anexo se puede consultar el cuestionario completo.

En la tabla 1 se exponen los promedios generales mayores o iguales de 2,9 en la puntuación de la escala y que han sido mayoritariamente seleccionados y valorados como necesarios, importantes o muy importantes. Corresponderían con los puntos 3 y 4 de la escala *Likert*. De un total de 39 principios plateados en el cuestionario, la tabla expone 26 principios, viendo a corresponder con el 72% del total de los principios valorados. Lo que viene a traslucir una cierta dispersión de la opinión recogida.

Tabla 1: Principios educativos más importantes en un Pacto educativo

Principios educativos	Promedio de Puntuación
ESTADO SEA EL PRINCIPAL RESPONSABLE Y GESTOR ÚNICO	3,9
ESPECIALIZACIÓN	3,9
INTERNACIONALIZACIÓN	3,8
FORMAS DE INSPECCIÓN INDEPENDIENTE	3,8
EMPLEABILIDAD	3,8
ACCESO IGUALITARIO A LA EDUCACIÓN SUPERIOR	3,8
EMPODERAMIENTO FEMENINO	3,7
PERSPECTIVA DE GÉNERO	3,7
LIBERTAD DE ELECCIÓN DE CENTRO EDUCATIVO	3,7
SERVICIO DE APOYO AL MAESTRO EN LOS CENTROS	3,7
TRANSPARENCIA Y RENDICIÓN DE CUENTAS	3,7
DESARROLLO SOSTENIBLE	3,7
DERECHO DE LOS PADRES A SER INFORMADOS CON ANTERIORIDAD	3,6
HONESTIDAD ACADÉMICA	3,6
EQUIDAD EDUCATIVA	3,6
ESPECIALIZACIÓN TECNOLÓGICA	3,6
MÉRITO ACADÉMICO	3,5
SINTONIZAR LA EDUCACIÓN FAMILIAR CON EL CENTRO	3,5
¿NOTA DE ENTRADA ALTA O MUY ALTA?	3,5
PERSPECTIVA DEL CAMBIO CLIMÁTICO	3,4
RESPONSABILIDAD Y PARTICIPACIÓN	3,4
NECESIDADES EDUCATIVAS ESPECIALES EN CENTROS PROPIOS	3,3
EN MATERIAS DE CONCIENCIA	3,3
INNOVACIÓN PEDAGÓGICA	3,2
FORMACIÓN CONTINUA	3,2
CALIDAD EDUCATIVA	2,9

Fuente: Elaboración propia, promedios de escala mayor de 2,9. Datos encuesta Grupo Investigación LIREDU realizada C3 Consulting

Destaca como principio general esencial y muy importante la idea de que el Estado es el principal responsable de le educación y gestor único. Esto viene a sustentar un apoyo generalizado de la opinión pública encuestada a que sea el Estado el principal responsable y eje organizativo del sistema educativo. Subyace en el fondo una equiparación entre la idea de lo público como sinónimo de estatal, es decir, que sea el Estado el garante y principal gestor de la organización del sistema educativo. Este aspecto estaría en consonancia con otros estudios que detectan un punto de arranque en la opinión pública que favorece la dirección gubernamental de la educación e incluso la posibilidad de limitar el ejercicio de la libertad educativa[30]. Esta cuestión sustenta, también, una lógica partidista o *práxis* política institucionalizada por la que todos los gobiernos cambian o enmiendas sus propias leyes educativas[31]. En sentido contrario y a la vez congruente, los encuestados manifiestan como poco relevante que el Estado sea subsidiario en la responsabilidad y en la gestión educativa (puntuación 2,4)[32].

Teniendo esta cuestión como base, destaca por su relación, la importancia otorgada a nuevas formas de inspección independiente de la actividad de los centros educativos y del profesorado, presentando un promedio de 3,8 puntos. En cambio, la necesidad de que el centro educativo informe a los padres de todo lo relacionado con el desarrollo escolar, como horarios o actividades tendría un promedio menor de 2,8 puntos. En consonancia con este dato, la importancia de reforzar la responsabilidad de las familias en la toma de decisiones del centro educativo, contenidos o actividades, según se recoge en la tabla 2, tendría una puntuación menor de 2,3 puntos, por tanto, sería un aspecto indiferente o neutro.

Respecto a los principios relacionados con la igualdad del sistema educativo. Lo encuestados apoyan un sistema que facilite el acceso a la educación superior en condiciones de igualdad. Es el segundo ítem con un mayor valor, en torno a 3,8. En general, la equidad educativa es considerada un principio básico de importancia para el sistema, con una puntuación de 3,6. En cambio, la concreción de otros principios nos permite delimitar esa idea de igualdad en la que se apuesta por atender a los alumnos con necesidades educativas especiales, en centros propios si así se requiere, con una puntuación de 3,3 (ver tabla 1). En sentido contrario, la integración o inclusión de los alumnos con necesidades especiales en las mismas aulas que alumnos sin ellas no se considera un principio básico importante del sistema educativo, con una puntuación de 2,4 (ver tabla 2).

¿Qué ideas podemos entresacar del análisis de los datos respecto a la idea de libertad en el sistema educativo? Hay una apuesta clara por la necesidad e importancia, como principio general del sistema educativo de la libertad de elección de centro educativo, garantizando el libre acceso en centro privados y/o públicos. Su puntuación es de 3,7, un punto mayor que la equidad del sistema (ver tabla 1). Al igual que con la idea de igualdad, otros ítems relacionados con la concreción de la libertad en otros aspectos nos permiten delimitar las cualidades de ese principio que obtiene un mayor apoyo en el estudio. Cuando se pregunta si les parece importante que se respete libertad de conciencia de las familias, especialmente en materias como la formación moral y religiosa, el apoyo es claro teniendo una puntuación alta de 3,3.

---

30   Amiguet Esteban, J.M. "Libertad educativa en punto muerto. Reflexiones para la acción". En: Libertad y responsabilidad educativas: Claves para renovar el diálogo social, Valencia,2022. Tirant lo Blanch. p. 433.

31   Sánchez-Sierra, A. "La concepción educativa de la izquierda en España: Un análisis de los programas electorales de PSOE e IU/PODEMOS". En: Libertad y responsabilidad educativas: Claves para renovar el diálogo social, Valencia,2022. Tirant lo Blanch. pp. 390-391.

32   Ver tabla 2.

En cambio, no hay un apoyo importante en puntuación promedio sobre el reconocimiento excepcional al derecho de objeción de conciencia de los padres en nombre de los hijos en el caso de que enseñanzas concretas se opusieran a convicciones de conciencia. Tampoco es considerado como muy importante la libertad de expresión en la enseñanza impartida en centros de escolaridad obligatoria.

Tabla 2: Principios educativos menos valorados para un futuro Pacto educativo

PRINCIPIOS	Puntuación
Formación continua del profesorado	1,9
Objeción de conciencia	2,2
Libertad de expresión	2,3
Reconocimiento social	2,3
Responsabilidad de familias en la toma de decisiones del centro	2,3
Integración social	2,4
Estado sea subsidiario	2,4
Diálogo y tolerancia	2,5
Reconocimiento económico	2,5
Los centros deban recabar conformidad de los padres	2,8

Fuente: Elaboración propia, promedios de escala menor de 2,9. Datos encuesta Grupo Investigación LIREDU realizada C3 Consulting

Focalizando el análisis en los ítems generales circunscritos a los protagonistas centrales del proceso educativo alumnado, profesorado y otros agentes educativos podemos concluir que los aspectos menos valorados por el alumnado corresponderían con principios circunscritos a valores ideológicos como la perspectiva de género o cuestiones relativas al medio ambiente (ver al respecto el gráfico número 3). En cambio, el principio general más valorado es la calidad educativa; convirtiéndose en un eje vertebrador de importancia esencial. Seguido de la valoración positiva respecto a la existencia de una educación especial y, por tanto, valorando positivamente que la educación básica se adecue a las necesidades educativas especiales y en centros propios. Conjugándose, seguidamente en una apreciación por la importancia del mérito académico junto con la honestidad y la equidad educativa. La equidad apuntaría a una igualdad de trato, sin injusticias o discriminaciones, pero respetando los méritos en los resultados. Es decir, es un principio que no viene a significar una igualdad homogénea o en los resultados de aprendizaje; sino un ajuste equitativo del sistema educativo a las diferencias del alumnado.

Gráfico 1: Valoración de principios educativos (Alumnado)

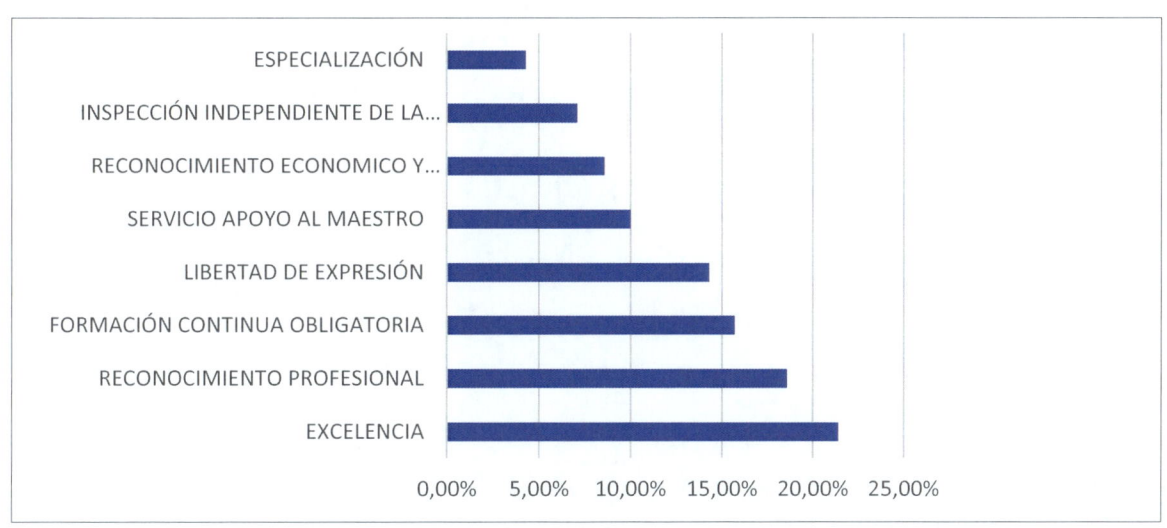

Fuente: Elaboración propia, datos encuesta Grupo Investigación LIREDU realizada C3 Consulting

El gráfico 1 recoge los resultados referentes al profesorado. El aspecto más valorado es la excelencia y el menos valorado la necesidad de especialización del profesorado. Las medidas de refuerzo del reconocimiento social de la profesión docente tienen un mayor porcentaje de apoyo que las medidas de reconocimiento económico, con una nada desdeñable diferencia de diez puntos porcentuales. Destaca también por su importancia la valoración de la importancia de la libertad de expresión de los docentes.

La cuestión de la excelencia viene a significar medidas restrictivas de acceso a la profesión docente como una nota mínima de acceso. Este aspecto junto con la inclusión en el sistema educativo de un servicio de apoyo a los maestros desde gabinetes psicopedagógicos, refuerzos disciplinarios presentan una frecuencia superior al 10% del total.

Gráfico 2: Valoración principios educativos (Profesorado)

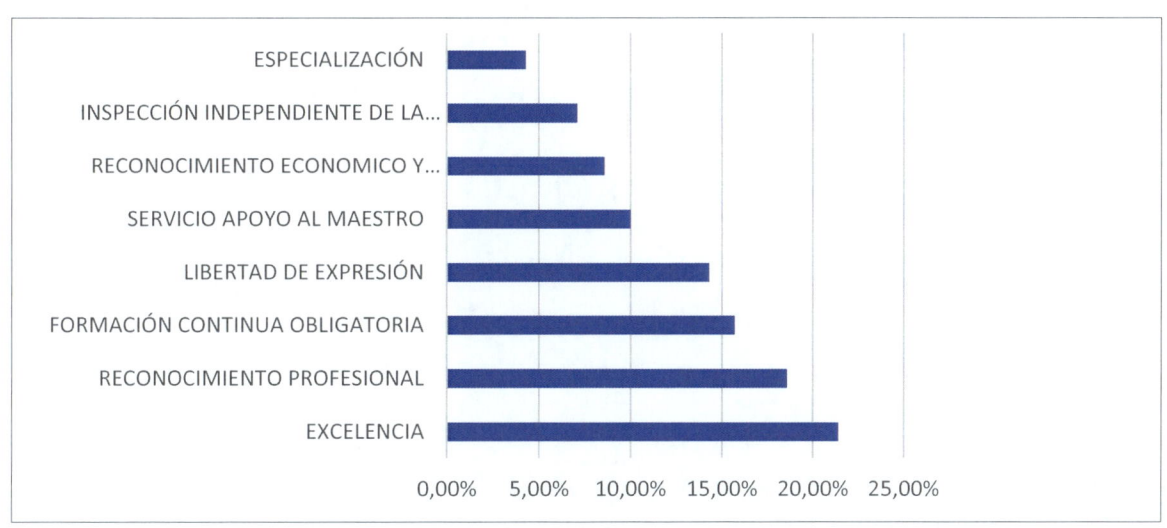

Fuente: Elaboración propia, datos encuesta Grupo Investigación LIREDU realizada C3 Consulting.

Por último, hay que destacar los principios esenciales que deben estar contenidos en un pacto educativo desde la perspectiva de otros agentes educativos como las familias, asociaciones o gestores educativos. El principio básico esencial es la libertad de elección de centro educativo que garantice el libre acceso a la educación en un centro privado o público a todas las familias. Seguida de la importancia de la trasparencia y rendición de cuentas.

Los ítems que sobresalen, por tener una frecuencia superior al 10%, vendrían a corresponder con aspectos de libertad de conciencia, religiosa o ideológica y de organización práctica escolar. En consonancia con el derecho-deber educativo de las familias de elección de una educación conforme a sus convicciones o preferencias pedagógicas. Aunque los centros educativos tienen competencias en la organización escolar, eso no eximiría del deber de informar a las familias. Se formalizan por la importancia de decidir sobre los contendidos que estudian los hijos en materia de conciencia y formación moral y religiosa y la valoración del derecho a ser informado con anterioridad de aspectos que afectan tanto a cuestiones de organización escolar como horarios o guías docentes y el deber de dar consentimiento tras dicha información.

Gráfico 3: Valoración principios educativos (Otros agentes)

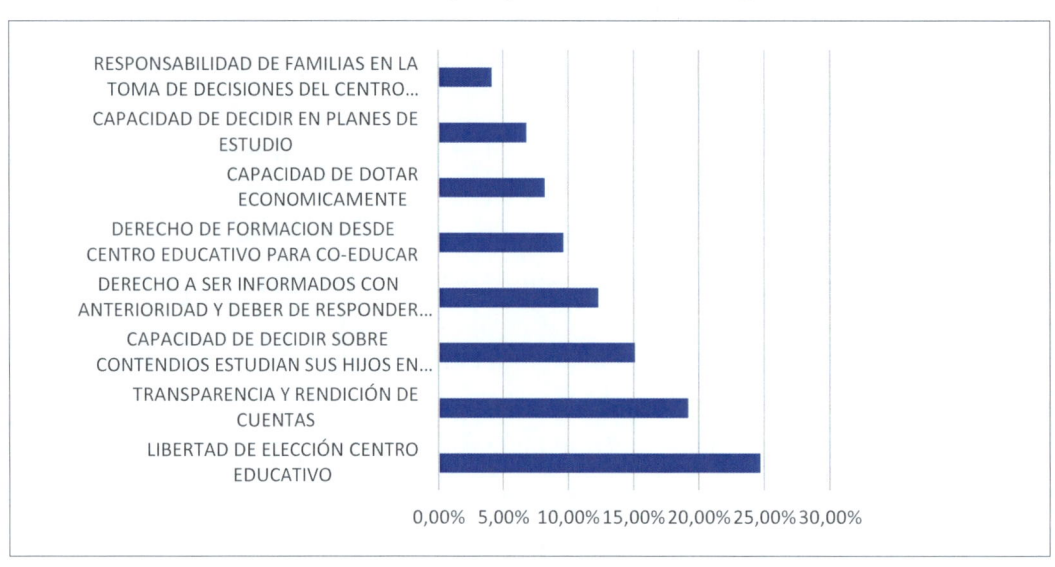

Fuente: Elaboración propia, datos encuesta Grupo Investigación LIREDU realizada C3 Consulting

5. Los objetivos educativos en un futuro pacto

(Ana Sánchez-Sierra)

En este epígrafe sistematizaremos el análisis de los resultados de la encuesta respecto a un segundo bloque de preguntas en la que se presentaban una lista con 31 objetivos educativos posibles.[33] Los objetivos son las ideas marco que deben desarrollar o concretar los principios generales del sistema educativo para hacerse realidad. Los objetivos o fines vienen a responder al siguiente interrogante ¿para qué enseñar?[34] Esta cuestión, posteriormente, necesitará concretarse en elementos curriculares concretos y competencias a desarrollar por los alumnos.

---

33   Para una mayor concreción de los ítems propuestos consultar anexo 2 al final del documento.

34   Coll, César. (1991). Psicología y currículum. Barcelona: Paidós, p. 19

Nuevamente, la metodología empleada es una escala tipo *Likert* donde se expresa el grado de acuerdo o desacuerdo sobre la importancia de ese ítem. En esta ocasión a la categoría de máximo acuerdo, punto 4 de la escala, se la ha nominado como "verdadero", correspondiendo a cero la categoría de "falso". Viniendo a corresponder con ideas que no son objetivos marco, ni de mejora del sistema educativo. Los puntos de la escala 3 y 4 nos dan los objetivos principales que debe contener un pacto educativo las puntuaciones en torno a 2 y a 1 vendrían a corresponder con objetivos innecesarios, superfluos o poco necesarios.

La tabla 3 recoge las puntuaciones medias más altas, correspondiendo con los objetivos cuya puntuación transita entre 3 y 4, por tanto, objetivos educativos importantes y esenciales. Los dos objetivos más importantes son de diversa naturaleza uno enlaza con la necesidad de que el sistema educativo sea capaz de hacer competentes a los alumnos tanto en la expresión oral como escrita, vendría a corresponder con un objetivo específico relacionado con la consecución de una competencia o destreza lingüística y de expresión oral. El segundo, recoge la importancia y conveniencia de que los alumnos acaben sus estudios escolares habiendo desarrollado un sentido de responsabilidad personal y social, respecto a su entorno: centro escolar, barrio y sociedad. Este último es un objetivo generalista, que tiene como dirección la mejora social.

De los 16 objetivos con mayor puntuación media el 50% corresponden con objetivos generales del sistema educativo, valores, responsabilidad social y la otra mitad con objetivos específicos relacionados con contenidos básicos del sistema educativo o con resultados de aprendizaje que incumben a cuestiones metodológicas como la importancia, como objetivo, de que los alumnos acaben sus estudios escolares habiendo desarrollado su capacidad de lógica y razonamiento en la resolución de problemas y el objetivo de aprendizaje de contenidos teóricos y, también, la dimensión práctica de los mismos.

Dentro de los objetivos generalistas destacan junto con la importancia de conseguir la responsabilidad social y personal del alumnado, mencionada anteriormente, y que computa la mayor puntuación media los siguientes objetivos por orden de valoración y conformidad de los encuestados (ver tabla 3). Educar en el esfuerzo y la resiliencia, junto con la adquisición de valores de respeto y tolerancia, con una puntuación media de 3,8; la cohesión social como objetivo educativo que permita una convivencia social saludable y en paz. En la misma línea destacan la educación moral en valores sociales y cívicos, con una puntuación de 3,7. Por último, destaca el objetivo de alcanzar la igualdad y equidad del sistema educativo, circunscrita según el cuestionario al acceso a la educación elegida (3,5 de puntuación media) y no a la evaluación o resultados académicos.[35]

Destaca también el sentido de identidad nacional o pertenencia al país. El sistema educativo debe tener en cuenta este objetivo en el diseño de los currículos educativos. La encuesta también intentaba recabar datos sobre la conveniencia, como objetivo, del desarrollo de la identidad y sentido de pertenencia a la Comunidad Autónoma y a nivel más macro a la comunidad internacional, estos aspectos no son apoyados significativamente en la muestra[36].

---

35   Ver anexo para más detalle: en el cuestionario de la encuesta realizada las preguntas número 21 y 22 de objetivos educativos se diferenciaba expresamente entre igualdad y equidad en el acceso y en la evaluación y en los resultados académicos de los alumnos.

36   Ver anexo para más detalle, preguntas 28,29,30 y 31.

El análisis de la encuesta dota de una mayor importancia los contenidos sociales e históricos que estrictamente científicos o tecnológicos. En cambio, los contenidos de índole estética o artística, aun siendo importantes, en orden de prelación estarían por debajo de los conocimientos tecnológicos.

Tabla 3: Objetivos educativos más valorados

Objetivos educativos	Conformidad 0-4
Expresión oral y escrita	3,9
Responsabilidad social y personal	3,9
Teoria y practica	3,8
Medio historico y social	3,8
Educar en el esfuerzo y resilencia	3,8
Lógica y razonamiento	3,8
Respeto y tolerancia entre alumnos	3,8
Cohesion social futura	3,7
Conocimiento de si (autoestima)	3,7
Educación moral valores sociales civicos	3,7
Medio natural	3,6
Reciban orientación profesional	3,6
Conocimiento tecnologico basico	3,6
Capacidad estética y arte	3,5
Igualdad y equidad (acceso a la educación)	3,5
Sentido pertenencia al país en viven	3,5

Fuente: Elaboración propia, datos encuesta Grupo Investigación LIREDU realizada C3 Consulting

La tabla 4 muestra ordenados los objetivos educativos superfluos o innecesarios: empoderamiento femenino, adquisición de identidad internacional o sentido de pertenencia global, igualdad o equidad en los resultados académicos, objetivos relacionados con la educación afectivo sexual o el cambio climático. Como se puede ver con detalle, el objetivo que dentro del grupo tendría una mayor puntuación (2,9 de puntuación media) es la conveniencia o necesidad de que los alumnos acaben sus estudios escolares habiendo desarrollado capacidad de ahorro y conocimientos económicos.

Tabla 4: Objetivos educativos menos valorados.

Objetivos educativos	Conformidad 0-4
Empoderar a las mujeres	1,9
Sentido pertenencia a comunidad internacional	2,2
Igualdad y equidad (evaluación)	2,3
Integración social (largo plazo)	2,3
Educación afectiva, genero y sexual	2,4

Sentido social de identidad y pertenencia ccaa	2,4
Cambio climatico	2,5
Integración social (corto plazo)	2,5
Economia/ahorro	2,9

Fuente: Elaboración propia, datos encuesta Grupo Investigación LIREDU realizada C3 Consulting

Cuando se pregunta a los encuestados que elijan de los 31 objetivos analizados diez esenciales y prioritarios en un posible Pacto educativo[37] el resultado es el que refleja el gráfico 4. Destacan y, además, con reiteración la importancia de objetivos relacionados con educación moral y en valores, tanto personales como sociales. Especialmente, importante el respeto y la tolerancia.

Gráfico 4: Diez objetivos esenciales en un futuro Pacto

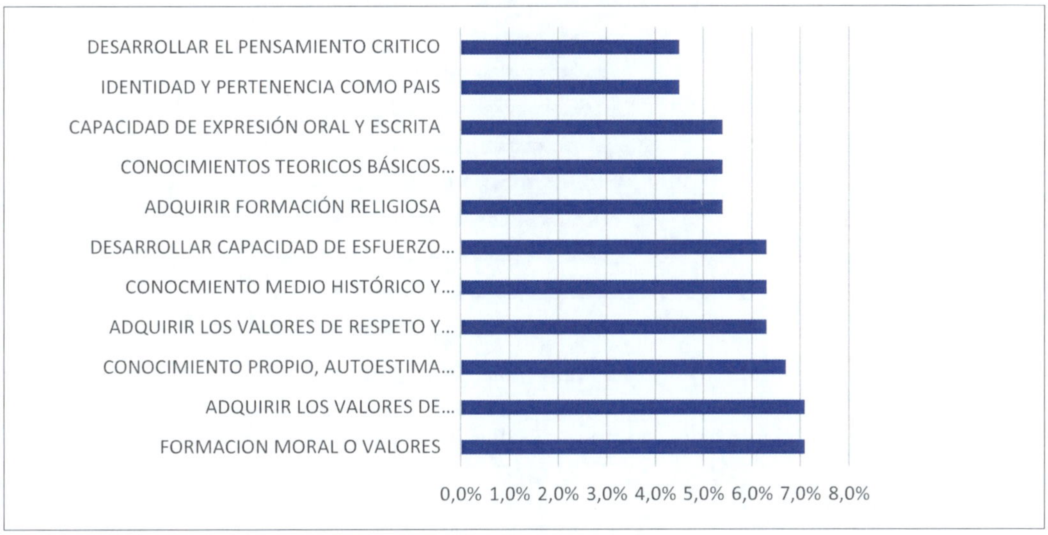

Fuente: Elaboración propia, datos encuesta Grupo Investigación LIREDU realizada C3 Consulting

Otro objetivo vendría a consistir en la adquisición de un autoconocimiento del educando tanto de sus capacidades y destrezas como de sus límites. Así como, objetivos relacionados con la adquisición de capacidades para el esfuerzo y la resiliencia. Estos últimos objetivos muy relacionados con la mejora de la calidad de la enseñanza. Otros objetivos, con porcentajes a destacar, serían los relacionados la adquisición de contenidos básicos que conformarían un nivel cultural básico y común y la adquisición de competencias en escritura y expresión oral. Mención especial y relacionada con la importancia de la educación moral, es la enseñanza de la religión. En la muestra analizada sería un objetivo que incluir entre los diez primeros.

Los objetivos con un porcentaje menor. No llegando al 1% de las respuestas serían objetivos que corresponderían a cuestiones de índole material o pecuniaria o cuestiones que se pueden prestar a manipulaciones ideológicas en la actualidad, véase el gráfico 5. Destaca en este grupo de respuestas la poca importancia dada como objetivo educativo dentro de la muestra al empoderamiento de las mujeres o la conciencia cambio climático contrastando claramente con las políticas legislativas imperantes. Así

---

37   Ver pregunta 32 del cuestionario.

como, el objetivo de integración de alumnos con necesidades especiales diagnosticados médicamente en centros educativos ordinarios porque se advierte que no mejora su integración social a corto plazo.

Cuando se les pregunta si habría algún objetivo que no se ha tenido en cuenta y que desearían añadir (pregunta abierta en el cuestionario) podemos destacar la importancia de objetivos que tienen que ver con la conciencia y educación social, compensando el individualismo imperante y educando en la responsabilidad social y la aportación personal en la mejora social. Así como, una perspectiva del currículo no individualista.[38]

Gráfico 5: Objetivos educativos no prioritarios

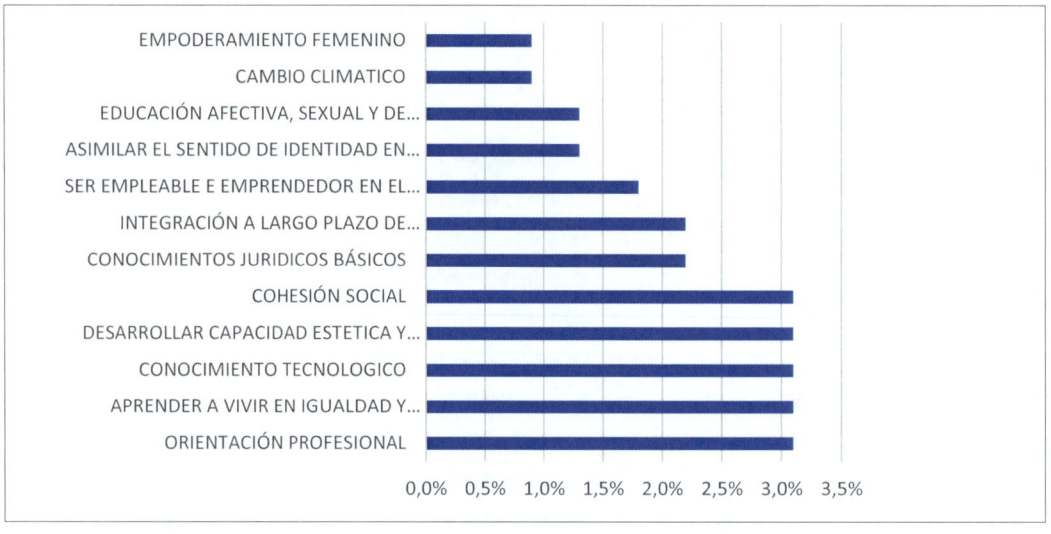

Fuente: Elaboración propia, datos encuesta Grupo Investigación LIREDU realizada C3 Consulting

6. Instrumentos y herramientas educativas

(Ana Sánchez-Sierra)

En este último bloque de análisis se presentan diversas herramientas económicas, sociales, pedagógicas y psicológicas que pueden guiar las grandes líneas políticas de mejora del sistema educativo. El objetivo es la valoración del grado de acuerdo desacuerdo o el grado de necesidad o conveniencia de cuestiones que han estado en el debate político y educativo. Las cuestiones recogidas en la encuesta proyectada por C3 *Consulting* se compone de diez instrumentos o medidas educativas enmarcadas en tres líneas principales. Una línea correspondiente a cuestiones económicas como conciertos económicos o subvenciones con entidades educativas de la sociedad civil, otra cuestión sería el llamado cheque escolar o la apuesta por medidas de apoyo con recursos al profesorado y a las familias.

La segunda línea de instrumentos y herramientas se enmarca en medidas de gestión y organización escolar como medidas de fomento de la iniciativa privada o la apuesta por un modelo de iniciativa única

---

38   Ver pregunta 33 del cuestionario e informe de empresa *C3 Consulting* para un mayor detalle.

estatal. La última línea correspondería con medidas de gestión curricular: introducción de actividades extracurriculares, elaboración de planes de estudio, evaluación, lengua vehicular de la enseñanzas y lenguas co-oficiales, presencia de idiomas extranjeros en el currículum escolar.

Respecto a la orientación general de la opinión recogida en la encuesta, en referencia a los recursos o medios económicos y su posible inclusión en un futuro Pacto educativo, los resultados revelan un apoyo a posibles medidas económicas que permiten la libertad de elección de centro educativo y un menor apoyo a que la educación escolar dependa desde un punto de vista presupuestario únicamente del Gobierno.

El gráfico de barras agrupadas muestra que en una escala donde 0 corresponde con un medida o herramienta perjudicial o de la que se está totalmente en contra y 4 que sería una medida de máximo acuerdo e importancia. Los ítems con una valoración media alta corresponden con la importancia de la competencia entre centros para favorecer la calidad y medidas económicas que favorezcan la elección de centro educativo. La educación con dependencia económica exclusiva del gobierno no llega a dos puntos, ver gráfico 6, vendría a significar una línea con poco acuerdo e innecesaria.

Gráfico 6: líneas generales de actuación/medios económicos

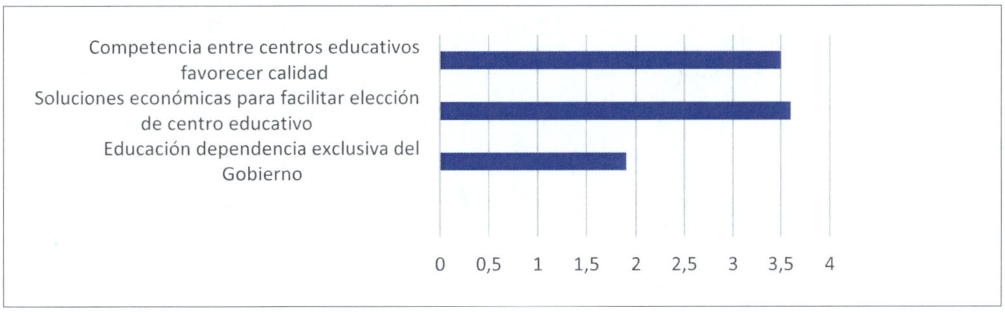

Fuente: Elaboración propia, datos encuesta Grupo Investigación LIREDU realizada C3 Consulting

Respecto a diversas cuestiones relacionadas con diseño curricular y gestión del mismo encontramos, por orden de importancia, los datos recogidos en la tabla 6. Lo primero que se debe destacar es la importancia de la igualdad nacional de pruebas de acceso a la universidad. Sería una pauta general que tiene un sólido consenso en la muestra. El segundo aspecto, en grado de importancia, tiene relación con la evaluación de los resultados de aprendizaje. En este aspecto encontramos un apoyo a los exámenes con evaluación numérica para evidenciar el conocimiento siempre que estos se adapten a la edad y madurez intelectual de los alumnos, lo que en pedagogía se conoce como etapas madurativas. Igualmente, se considera conveniente que la evaluación académica numérica sea complementada con un informe de desarrollo de competencias específicas, dando lugar así a una evaluación global tanto numérica como competencial de cada alumno. La puntuación promedio de ambos ítems es de 3,4 puntos.

Tabla 6: Instrumentos pedagógicos.

Instrumentos	Grado de importancia 0-4
Igualdad a nivel nacional pruebas evau	3,9
Evaluación académica numérica completadas con competencias	3,4
Evaluación académica numérica como modo de evidenciar conocimientos	3,4
Legislación general del estado regule los contenidos mínimos del currículum	3,3
Evaluación competencial complementaria	3,2
Deberes académicos para superar insuficiencia en los conocimientos	3,1
Legislación general del estado admita diversas formas de evaluar los resultados de aprendizaje	2,4
Legislación general del estado establezca un solo modo de evaluar el conocimiento con unos indicadores comunes a los centros	2,4
Regulación general del estado regule la totalidad de los contenidos	1,7

Fuente: Elaboración propia, datos encuesta Grupo Investigación LIREDU realizada C3 Consulting

Otro grupo de cuestiones recogidas en el cuestionario y analizadas por la muestra está en relación con la legislación general del Estado respecto a los contenidos y la evaluación de los resultados. Respecto a los contenidos la muestra recogida da un sostén generalizado, como un ítem de importancia, a que la legislación general del Estado regule los contenidos mínimos del currículum con un 3,3 de puntuación promedio; frente a que la legislación general del Estado regule la totalidad de los contenidos con una puntuación media de 1,7 que correspondería con un ítem poco o nada importante. Respecto a la importancia de que el legislador establezca un solo modo de evaluar el conocimiento teórico y unos indicadores comunes a los centros o acepte diversas formas de evaluar el aprendizaje de las asignaturas la muestra no se decanta por ninguno de las dos vertientes tienen una misma puntuación media de 2,4 correspondiendo con un ítem poco relevante de cara a fijar un posible Pacto educativo.

Por último, como recoge la tabla 6, es interesante el apoyo que recibe la necesidad de establecer un sistema de sanciones o deberes académicos que permitan al alumno superar la falta de conocimiento a la que no llegó en el tiempo y forma establecida en el centro. Esto supone establecer una cultura del esfuerzo dentro del sistema educativo con una puntación media de 3,1, correspondiente con un elemento importante que convendría fijar en un posible Pacto.

6.1. La cuestión lingüística y la cuestión religiosa

Dado el sistema competencial territorial y las diversas líneas de fractura o *cleavages* en los que está asentado el sistema educativo español, la cuestión de la enseñanza de la religión y la cuestión del castellano como lengua vehicular son dos aspectos de gran importancia y presentes en el debate público. Al respecto, el resultado de la opinión de la muestra es claro. Importancia alta del hecho de poder cursar en castellano todo el currículo educativo, en todo el territorio nacional. Del mismo modo, destaca la importancia y necesidad de que la enseñanza religiosa sea evaluable en todos los centros educativos del territorio nacional, teniendo en cuenta la libre elección o demanda de los padres.

Tabla 7: Valoraciones de la cuestión lingüística y del estudio de la religión

Grado de importancia respecto idiomas/religión	Importancia 0-4
Castellano todo el currículo educativo en todo el territorio	3,6
Enseñanza confesional religiosa evaluable (a solicitud de los padres)	3,3
Exigencia a centros bilingües obligatoriedad examen adicional conocimiento básico equiparable al plan nacional	2,9
Inclusión opcional en planes de estudio de la lengua co-oficial en igual numero de horas que la asignatura de lengua	2,8
Enseñanza confesional cristiana por defecto en todos los centros	2,8
Inclusión obligatoria en planes de estudio de las distintas lenguas co-oficiales	2,2
Lengua co-oficial todo currículo y sin evidenciar conocimiento de la lengua castellana	0,8

Fuente: Elaboración propia, datos encuesta Grupo Investigación LIREDU realizada C3 Consulting

El resto de las cuestiones presentadas en la tabla 7 tienen una importancia relativa o baja en un futuro Pacto educativo. Con una puntuación promedio cercana a 3, destaca la exigencia a los centros bilingües o con docencia total en lengua extranjera, de un examen obligatorio donde se evalúe un conocimiento básico equiparable a los planes de estudio nacionales en materias como lengua, literatura o historia. La muestra recogida, claramente, no apuesta por una enseñanza confesional obligatoria por defecto, o la equiparación o superación, en el currículum de la lengua co-oficial frente a la lengua castellana.

La cuestión religiosa, entendida ésta, como el estatus de la asignatura de religión en el currículo escolar es un tema que ha presentado siempre una cierta complejidad y controversia. Ante esta cuestión y pensando en un posible Pacto se pregunta a los encuestados que señalen dos opciones frente a las seis propuestas que le parezcan más adecuadas. El resultado queda recogido en el gráfico 7. La tendencia general es a valorar positivamente la religión como parte del currículo escolar. La presencia del hecho religioso, desde un punto de vista general, como asignatura en el currículo escolar tiene un apoyo del 91%. Frente al 8,8 % que apoyaría que la exclusión de la asignatura de religión de la escuela y su traslado a instituciones religiosas como parroquias o mezquitas. Más de la mitad apuestan una enseñan religiosa confesional católica, a petición de los padres, evaluable y con otra asignatura que la sustituya como alternativa, sea basada en el estudio de la ética o valores o centrada en la historia general de las diferentes religiones o en el estudio del hecho religioso en general.

Gráfico 7: Opciones más adecuadas respecto a la enseñanza de la religión

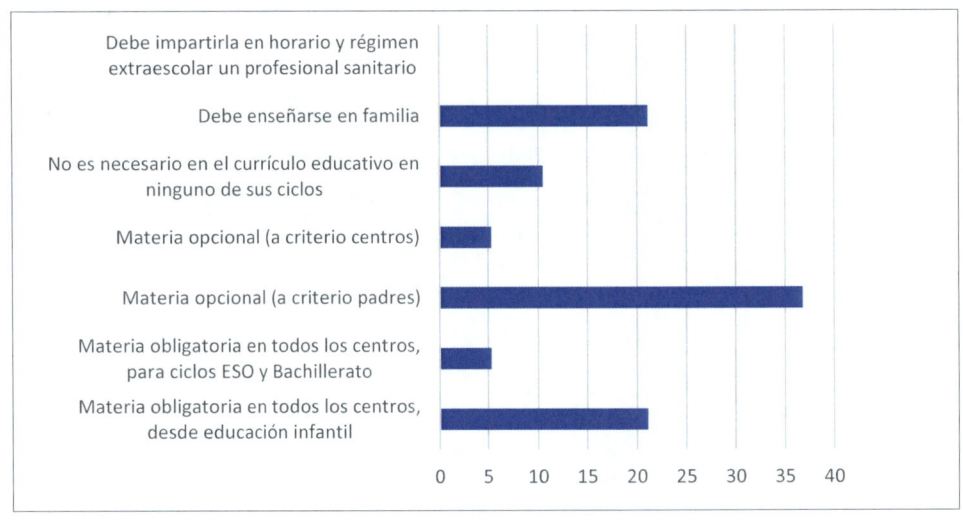

Fuente: Elaboración propia, datos encuesta Grupo Investigación LIREDU realizada C3 Consulting

6.2. Educación afectivo-sexual

Respecto a la educación afectivo-sexual, como materia curricular presente en el sistema educativo, la muestra tiende a apoyar esta cuestión como una materia opcional, especialmente a criterio y en consonancia con la familia como titular del derecho-deber educativo y no a criterio de los centros. La educación afectivo-sexual como elección tiene el apoyo claro del 63,2%, frente a la obligatoriedad de dicha materia en diversas etapas con un porcentaje del 26,3%. El 10,5% restante considera que es una materia no necesaria en el currículo educativo en ninguna de sus etapas. Para un mayor detalle se puede consultar el gráfico 8.

Gráfico 8: Opciones más adecuadas respecto a la educación afectivo-sexual

Fuente: Elaboración propia, datos encuesta Grupo Investigación LIREDU realizada C3 Consulting

6.3. Otras materias: el estudio de la Historia y la Filosofía

El cuestionario aterriza y profundiza sobre otras cuestiones curriculares que también han sido objeto de debates y cambios en las diversas leyes educativas. Se pregunta a los encuestados si les parece necesario mantener el estudio de autores clásicos de Filosofía en todas sus épocas. El promedio de respuestas es de 3,9, por tanto, se considera un aspecto muy importante. Valoraciones muy similares tiene la necesidad del estudio de la Historia universal abarcando los principales hitos universales que han marcado cada época y civilización precedentes en todo el mundo y de la Historia de España desde su formación peninsular hasta el momento actual. Ante cuestiones sobre si es necesario eliminar alguna época histórica en la Historia de España o de la Historia universal la respuesta es en un 100% negativa. Los encuestados tampoco se muestran proclives a una cancelación de ningún autor filosófico[39].

6.4. Medidas de apoyo al profesorado

Se pregunta a los encuestados sobre posibles medidas de apoyo al profesor o a los centros. El ítem con un mayor apoyo y por lo tanto de mayor importancia es la necesidad de reforzar los centros educativos con personal especializado en terapias cognitivas que asistan y ayuden a los alumnos con necesidades educativas especiales. De igual importancia se señala la necesidad de incentivar al profesorado y premiar la excelencia docente e investigadora del mismo. El aspecto menos importante correspondería con la cuestión de si se establece o no un baremo de corte de entrada a los estudios de magisterio; con una ponderación media de 2,6, correspondería con una cuestión neutra o innecesaria. Esto viene a corroborar la importancia no sólo cuantitativa sino cualitativa de los estudios de magisterio muy relacionada con su aspecto vocacional para asegurar la calidad de los docentes del sistema educativo.

En lo que respecta a los instrumentos o medidas de apoyo al profesorado se pueden traslucir dos líneas principales: una tendente al refuerzo y apoyo para la inclusión de los alumnos con necesidades educativas especiales y la otra relacionada con la valoración de la excelencia docente y del alumnado.

Gráfico 9: Instrumentos y medidas de apoyo al profesorado

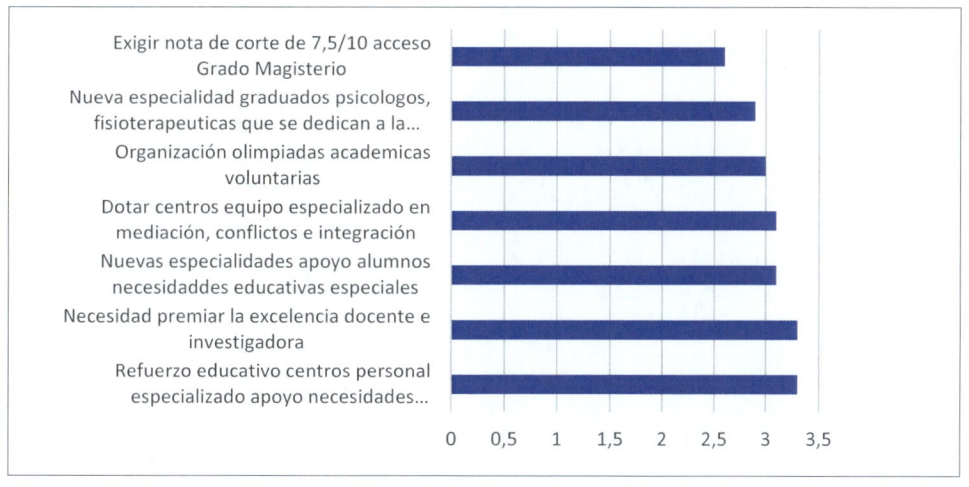

Fuente: Elaboración propia, datos encuesta Grupo Investigación LIREDU realizada C3 Consulting

6.5. Medidas de apoyo a las familias

Respecto a las medidas o instrumentos para la mejora de la participación de las familias los ítems más importantes son algo generalistas. La idea sería en avanzar hacia medidas de participación real de las familias en las actividades extracurriculares y a medidas que permitan garantizar el derecho-deber educativo de los padres. Destaca dentro de las puntuaciones medias altas, la importancia de la ayuda económica a las familias que permita una verdadera elección del centro educativo, con una puntuación de 3,3.

---

39   Para más detalle ver en Anexo preguntas 26,27 y 28 del tercer bloque del cuestionario e informe bruto de la encuesta de C3 Consulting.

El resto de las medidas van en la línea de aterrizar los aspectos antes mencionados como la participación efectiva de las familias. Esta participación no se puede dar sin información veraz. De ahí la importancia de la transparencia informativa y el derecho-deber educativo puede materializarse mediante los consentimientos informados de las familias tanto curriculares como extracurriculares. La posibilidad de un derecho a la objeción de conciencia especial unido a un deber complementario de dar esa formación, es considerado por la muestra como el aspecto menos relevante, con una puntuación media de 2,6.

Gráfico 10: Instrumentos y medidas de refuerzo de la participación de las familias

Fuente: Elaboración propia, datos encuesta Grupo Investigación LIREDU realizada C3 Consulting

7. Instrumentos jurídicos y sociales al servicio de un pacto de estado en materia educativa

(Patricia Santos-Rodríguez)

Para promover un pacto de Estado en materia de educación en España, se podrían considerar diversas medidas jurídicas que ayuden a establecer acuerdos sólidos y duraderos entre las diferentes fuerzas políticas y sociales. Entendemos que el Pacto debe alcanzarse de manera gradual, sostenida y comprometida en el tiempo, abierta a mejoras siempre con las debidas garantías del consenso unánime o del más completo posible. En este sentido estimamos crucial la labor del Consejo escolar del Estado como institución adecuada para mantener vivo el Pacto y ser el lugar de encuentro y diálogo entre los actores interesados.

A continuación, presentamos algunas medidas jurídicas y políticas que podrían ayudar a este propósito:

a. Promulgación de una Ley de Educación de sólido consenso social: Elaborar una nueva Ley de Educación a través de un proceso de diálogo y negociación entre los partidos políticos y todos los actores educativos, dando suficiente publicidad, estableciendo a través de los canales públicos de información distintas posibilidades y plazos para que toda la sociedad civil participe de manera constructiva, con transparencia de las sesiones, datos obtenidos y gestión de los mismos. Esta ley deberá establecer los principios fundamentales del sistema educativo y los objetivos comunes que se buscan alcanzar.

b. Mayor protagonismo al Consejo Escolar del Estado, como órgano colegiado y consultivo, integrado por representantes de todos los diferentes sectores educativos, con deber de asesorar en la toma de decisiones de gobierno y capacidad de mediar y promover el consenso en la elaboración de leyes y políticas educativas.

c. Estabilidad normativa: Garantizar la estabilidad normativa en el ámbito educativo para evitar cambios frecuentes de leyes y políticas, lo que permitirá una implementación más efectiva de las medidas educativas y una planificación a largo plazo, así como la creación de modelos educativos coherentes entre Estado y autonomías, libres de sesgos ideológicos de cada partido.

d. Estatuto del Profesor: A estos efectos sugerimos eliminar multiplicidades o solapamientos en materia educativa que se produzcan en materia estatal y autonómica, garantizando un estatuto docente válido para todas las CC.AA. que permita su movilidad y validez en toda España, así como unas condiciones de acceso, requisitos formativos y derechos que conduzcan a la excelencia y reconocimiento social de todos los que ejercen la educación en el nivel obligatorio y en la Formación profesional.

e. Financiación garantizada a toda iniciativa educativa: Establecer por ley una financiación adecuada y sostenible para el sistema educativo, asegurando un porcentaje mínimo fijo del presupuesto público destinado a la educación, que sea suficiente para atender al prestigio y condición social de los profesores, y a la adecuación constante de los centros educativos (ya sea en sus condiciones físicas, como en los servicios que ofrece, como en cualesquiera propuesta de los centros educativos a través de las asociaciones de padres y/o de la dirección de los centros).

f. Elaboración consensuada de un Plan Nacional de Formación Docente: Elaborar un plan integral de formación y capacitación para los docentes, que incluya programas de actualización pedagógica y el desarrollo de competencias para atender la diversidad de los estudiantes. Establecer distintos itinerarios de promoción y especialización docentes.

g. Evaluación y rendición de cuentas: Establecer por ley un sistema de evaluación externa y periódica de los resultados educativos, así como la rendición de cuentas por parte de las instituciones educativas y las autoridades responsables. Renovación parcial bianual de los miembros del sistema de evaluación externo educativo, pudiendo formar parte de él todos los que cuenten con conocimientos adecuados en materia educativa a evaluar y un interés legítimo debidamente justificado en materia educativa.

h. Promoción de la inclusión y la equidad en libertad: Introducir medidas específicas para garantizar el acceso a una educación de calidad para todos los estudiantes, independientemente de sus circunstancias socioeconómicas, capacidades o situación geográfica. Fortalecer legalmente la libertad de elección de centros y dotar de mayor presupuesto a los que cuenten con una mayor demanda social de alumnado. Garantizar por ley el libre acceso a la educación especial de calidad, que facilite la integración social de quienes cursan esos currículos.

i. Consolidación de programas de estudio que garanticen un conocimiento básico y profundo de la cultura española, así como la adquisición de competencias profesionales y de valores adecuados a la ciudadanía española.

j. Desarrollo de programas de innovación educativa: Promover la implementación de programas piloto y proyectos de innovación educativa, que permitan experimentar con nuevas metodologías y enfoques pedagógicos.

k. Desarrollo de programas comprometidos a lograr una tasa cero de abandono escolar: involucrando a familias, alumnos, profesores y actores sociales que puedan cooperar en esta materia.

l. Desarrollo de programas educativos que premien la cultura del esfuerzo, así como la del mérito, que premien la honestidad, la responsabilidad y la solidaridad en el uso de las nuevas tecnologías.

m. Lograr un consenso en materia de planes de estudio, dejando fuera las materias que no logren este consenso (aunque se siga trabajando en lograr el consenso en cada una de ellas, con el propósito de lograr ser parte del Pacto).

n. Fomento de la participación y el diálogo: Impulsar la participación y compromiso de los actores educativos en la toma de decisiones, a través de foros de participación, consejos escolares y otros mecanismos de consulta haciéndoles responsables de las materias que se sometan a su consulta y/o decisión.

o. Compromiso político a largo plazo: Establecer en la ley la obligación de cumplir con los acuerdos y medidas adoptadas en el pacto de Estado en educación, independientemente de los cambios de gobierno, con las consecuencias administrativas, económicas y penales que implicaría la violación de lo conseguido en materia educativa a través de este Pacto.

Estas son solo algunas de las medidas jurídicas, sociales y políticas que podrían ser consideradas para promover un pacto de Estado en materia de educación en España. Es importante que estas medidas se ajusten a la realidad y necesidades del sistema educativo español, y que sean fruto de un diálogo constructivo y una visión compartida de los objetivos educativos a alcanzar.

8. Decálogo para un futuro pacto educativo

(Patricia Santos-Rodriguez)

Para llegar a un pacto de Estado en materia educativa en España, es necesario abordar diversas líneas de acción que permitan alcanzar consensos y acuerdos entre las diferentes fuerzas políticas y sociales. A continuación, sugiero algunas grandes líneas que podrían ser consideradas para lograr dicho pacto:

1. Diálogo y participación: Es fundamental establecer un diálogo constructivo y abierto entre los partidos políticos, los actores educativos (docentes, estudiantes, padres) y la sociedad civil. La participación

de todos los sectores interesados en la educación es esencial para la construcción de un acuerdo sólido y legítimo.

2. Definición de objetivos comunes: Se deben establecer metas claras y compartidas que busquen mejorar la calidad y equidad de la educación en todas las etapas, desde la educación infantil hasta la educación superior. Estos objetivos deben centrarse en el desarrollo integral de los estudiantes, la formación en valores y la promoción de una educación equitativa y libre. Según la encuesta realizada, los OBJETIVOS EDUCATIVOS que mayor respaldo[40] han obtenido son (en el orden recuperado por la encuesta): la expresión oral y escrita; la responsabilidad social y personal; la adecuación de teoría y práctica en los conocimientos; el conocimiento del medio histórico y social; la educación en el esfuerzo y resiliencia; la competencia de lógica y razonamiento; el respeto y tolerancia entre alumnos; la cohesión social futura; el conocimiento de sí; la educación moral valores sociales cívicos; el conocimiento del medio natural; la orientación profesional; y finalmente, el conocimiento tecnológico básico.

3. Financiación y recursos adecuados: Es necesario garantizar una financiación suficiente y estable para el sistema educativo. La inversión en educación debe ser una prioridad y se debe asignar un porcentaje significativo del presupuesto público para asegurar la mejora de las infraestructuras, la formación docente y el acceso a materiales y recursos educativos de calidad.

4. Formación y capacitación docente: La formación y capacitación continua de los docentes es clave para garantizar la calidad de la educación. Se debe promover la actualización de los conocimientos pedagógicos y el desarrollo de habilidades para atender a la diversidad de los estudiantes.

5. Evaluación y seguimiento: Establecer un sistema de evaluación y seguimiento que permita medir el progreso y la eficacia de las políticas educativas implementadas. La recopilación de datos y la evaluación periódica de los resultados son esenciales para realizar ajustes y mejoras en el sistema educativo.

6. Compromiso en línea de principios para construir el consenso social necesario para el Pacto. Los principios han de ser los grandes rectores del Pacto, los que inspiren y ayuden a clarificar y decidir posibles controversias particulares a la hora de concretar el Pacto de Estado. Entre los encuestados los PRINCIPIOS EDUCATIVOS más votados[41] han sido: la libertad de elección centro; la calidad educativa; la responsabilidad de las familias en materia educativa; la equidad educativa; la libertad de cátedra; el diálogo y la tolerancia inspiradores de la legislación; la formación continua obligatoria de los profesores; el reconocimiento profesional a todos los agentes educativos.

7. Alcanzar un acuerdo respetuoso e integrador en cuestiones controvertidas: enseñanza de la religión, de la lengua castellana, y de la educación en materia afectivo-sexual. La encuesta apunta los siguientes resultados:

- en materia religiosa, las dos opciones más votadas han sido: la enseñanza religiosa confesional, evaluable, optativa (como alternativa ética y valores) (35.3%), y la enseñanza sobre el hecho

---

40   En una valoración de 0 a 4 (siendo 0 nada importante y 4 muy importante) han recibido valoración superior a 3.5.

41   En una valoración de 0 a 4 (siendo 0 nada importante y 4 muy importante) han recibido valoración superior a 3.5.

religioso y las religiones en la Historia y el mundo obligatoria, evaluable, común a los centros (32.4 %).

- en materia lingüística, parece haber un mayor consenso en la postura que propone estudiar todo el currículo en castellano en todo el territorio español.

- en materia de educación afectivo-sexual las posiciones más votadas son las siguientes: un 38% estima que debe quedar a decisión de los padres; un 21% señala que pertenece y debe impartirse en la familia; sin embargo, otro 21% estima que debe enseñarse en los centros de manera obligatoria.

8. Impulso a la innovación educativa: La educación debe adaptarse a las necesidades del siglo XXI y preparar a los estudiantes para enfrentar los retos del futuro, sin descuidar la solidez y madurez intelectual necesarias que ofrecen los planes de estudios. La innovación tecnológica debe ponerse al servicio del conocimiento y del estudio sin llegar a sustituirlos, muy especialmente en la infancia y adolescencia.

9. Inclusión, equidad y calidad: Implementar medidas que reduzcan las desigualdades educativas y promuevan la equidad social. Garantizar una educación de calidad a todos los estudiantes, de acuerdo con sus necesidades personales y familiares, sin distinción por razón de sexo, origen, etnia, o capacidad, u otra cuestión de posible discriminación.

10. Compromiso con la educación en el largo plazo: El pacto de Estado en educación debe trascender los cambios de gobierno y establecer compromisos a largo plazo para asegurar la continuidad de las políticas educativas.

Estas son algunas de las líneas fundamentales que podrían guiar el camino hacia un pacto de Estado en materia educativa en España. Es importante que todas las partes involucradas estén dispuestas a ceder en algunos puntos y a buscar soluciones que beneficien el interés general y el bienestar de la sociedad en su conjunto. Un pacto de esta magnitud requerirá un esfuerzo conjunto y un compromiso sincero de todas las partes para lograr una educación de calidad, libre, inclusiva y equitativa para todos los ciudadanos.

9. Anexos

Anexo 1. Cuestionario de la encuesta

**PROYECTO DE INVESTIGACIÓN EN LIBERTAD Y RESPONSABILIDAD EDUCATIVAS
CUESTIONARIO/ENCUESTA A ENTIDADES Y EXPERTOS**

Siendo las respuestas:

4 = muy importante/ muy conveniente/ esencial/ totalmente de acuerdo

3 = algo importante/ conveniente/ necesario/ está bien, conforme

2 = indiferente / neutro / superfluo/ innecesario

1 = en desacuerdo/ poco relevante/ poco conveniente/ poco necesario

0 = inconveniente/ perjudicial/ totalmente en contra

PREGUNTA GENERAL RESPECTO DE LA IDEA DEL PACTO EDUCATIVO

1. ¿Cómo de importante le parece que los representantes políticos logren formalizar un Pacto educativo de manera que la Ley de Educación en España no cambie cada vez que hay un Gobierno de signo distinto?

0	1	2	3	4

Si su respuesta es 3 ó 4 <u>responda por favor a las siguientes preguntas</u> sobre **LOS PRINCIPIOS EDUCATIVOS a incluir en un posible PACTO EDUCATIVO.**

Preguntas sobre el primer bloque de PRINCIPIOS EDUCATIVOS

Indique su grado de acuerdo o desacuerdo con ellos <u>respecto a la necesidad de que sean incluidos en el Pacto educativo.</u> Consulte el Anexo 1 cuando desee concretar el significado de alguno de los principios. Si hay algún principio que le parece que falta y lo considera muy importante, indíquelo al encuestador al finalizar el cuestionario. Muchas gracias.

PRIMER BLOQUE DE LA ENCUESTA

1. ¿Qué grado de importancia atribuye a que la educación básica facilite un ACCESO IGUALITARIO A EDUCACION SUPERIOR?

2. ¿Qué grado de importancia atribuye a que la educación básica se adecúe a las NECESIDADES EDUCATIVAS ESPECIALES en centros educativos propios?

3. ¿Qué importancia atribuye a que la CALIDAD EDUCATIVA (que asegura que todos los niños terminen la enseñanza primaria y secundaria) sea un propósito esencial de la educación española?

4. ¿Qué importancia le da a que la educación en DESARROLLO SOSTENIBLE sea un pilar de la educación española?

5. ¿Qué grado de necesidad le parece oportuno dar al ejercicio del DIÁLOGO y a la TOLERANCIA en la educación general española entre el alumnado?

6. ¿Qué grado de importancia le parece que debe tener la EMPLEABILIDAD como principio inspirador de la educación básica en España?

7. ¿Qué importancia le parece que debe tener la EQUIDAD EDUCATIVA como principio de la educación general española?

8. ¿Qué importancia le parece que debe tener el EMPODERAMIENTO FEMENINO entre los principios de la educación española?

9. ¿Qué importancia le parece que debe tener la ESPECIALIZACIÓN TECNOLÓGICA entre los principios de educación general escolar?

10. ¿Qué grado de necesidad/conveniencia le parece que debe tener la HONESTIDAD ACADÉMICA dentro de los principios educativos del sistema español?

11. ¿Qué grado de importancia le concedería a la INNOVACIÓN PEDAGÓGICA (evaluación por competencias, uso de nuevas tecnologías, supresión de exámenes, etc) en la configuración de la educación general de nuestro país?

12. ¿Le parece que la INTEGRACIÓN SOCIAL (inclusión de alumnos con necesidades educativas especiales en las mismas aulas que los alumnos sin esas necesidades) debe ser un principio esencial dentro de la educación general española?

13. ¿Le parece conveniente/necesario lograr el máximo nivel de INTERNACIONALIZACIÓN de los estudios que corresponden al período escolar?

14. ¿Qué grado de importancia o que lugar le daría al MÉRITO ACADÉMICO (evaluación por niveles de conocimiento, rendimiento y esfuerzo) dentro de los principios educativos aplicables a los estudiantes?

15. ¿Qué importancia le parece que tiene educar bajo la PERSPECTIVA de CAMBIO CLIMÁTICO? (P.E. *promoviendo actividades y/o asignaturas que eduquen para una sociedad climáticamente neutra y ecológica*).

16. ¿Qué importancia o conveniencia le parece que tiene la educación con PERSPECTIVA DE GÉNERO?

17. ¿Qué grado de conveniencia le parece que tiene lograr el ejercicio de la RESPONSABILIDAD y la PARTICIPACIÓN de los alumnos en toma de decisiones que afecten a su convivencia, y/o a la organización de su aula o de su centro educativo?

18. ¿Le parece que la FORMACIÓN CONTINUA del profesorado está suficientemente reconocida?

19. ¿Le parece que la FORMACIÓN CONTINUA DEL PROFESORADO cuenta con una oferta suficiente/adecuada a sus necesidades?

20. ¿Le parece suficiente el actual desarrollo para la ESPECIALIZACIÓN del profesorado escolar? ¿Mejoraría algún aspecto?

21. ¿Le parece conveniente o necesario pedir una NOTA DE ENTRADA ALTA O MUY ALTA para acceder al Grado de Magisterio?

22. ¿Qué grado de importancia le parece que tiene la LIBERTAD DE EXPRESIÓN en la enseñanza impartida en centros de escolaridad obligatoria?

23. ¿Le parece importante / conveniente que se fortalezca el RECONOCIMIENTO ECONÓMICO de la actividad docente en centros educativos de régimen escolar?

24. ¿Le parece importante que se refuerce mediante distintas medidas el RECONOCIMIENTO SOCIAL de quienes se dedican a la docencia y de sus familias? (P.e. *exenciones fiscales, gratuidad en servicios públicos y actividades culturales de iniciativa privada, becas de estudio para hijos de docentes, servicio médico de apoyo a la docencia*).

25. ¿Le parece conveniente crear nuevas FORMAS DE INSPECCIÓN INDEPENDIENTE para la actividad del profesorado y del centro? (*P.e. en cada centro educativo realizada por un grupo aleatorio formado por representante de padres, de alumnos, de profesores, de personal de servicios que rinda cuentas a la ANECA de los aspectos inspeccionados*)

26. ¿Le parece importante / conveniente que se fortalezca un SERVICIO APOYO AL MAESTRO EN LOS CENTROS *(psicopedagógico, refuerzo autoridad, equipos de apoyo a alumnos con necesidades especiales, solución conflictos)*?

27. ¿Le parece importante que el ESTADO SEA EL PRINCIPAL RESPONSABLE Y GESTOR ÚNICO de la educación en España?

28. ¿Le parece importante que el ESTADO SEA SUBSIDIARIO en la responsabilidad y en la gestión educativas?

29. ¿Le parece IMPORTANTE que se respete la decisión de las familias EN MATERIAS DE CONCIENCIA, como la formación moral y religiosa de sus hijos?

30. ¿Le parece importante que se reconozca excepcionalmente el derecho fundamental a la objeción de conciencia de los padres en nombre de los hijos, en caso de que unas enseñanzas se opongan a sus convicciones de conciencia?

31. ¿Le parece conveniente que se pueda dar el DERECHO a recibir FORMACIÓN DESDE EL CENTRO EDUCATIVO PARA SINTONIZAR LA EDUCACIÓN FAMILIAR CON LA PREVISTA EN EL CENTRO EDUCATIVO? (*P.e. formar a padres para transmitir valores morales, ayuda en la gestión de conflictos, en la educación afectivo-sexual de los hijos, en el diálogo, en el uso responsable de nuevas tecnologías, etc.)*

32. ¿Le parece importante reconocer el DERECHO de los padres a SER INFORMADOS CON ANTERIORIDAD en todo lo que afecta al desarrollo escolar (horarios, menús, calendarios, guías docentes, actividades, profesores, etc) de sus hijos?

33. ¿Le parece importante que los centros DEBAN recabar de los padres/familias SU CONFORMIDAD en las cuestiones de educación de sus hijos aprobadas por el centro?

34. ¿Le parece que la LIBERTAD DE ELECCIÓN DE CENTRO EDUCATIVO (garantizar libre acceso a educación en centro privado y/o público a todas las familias) debe ser un principio de la educación general en España?

35. ¿Le parece importante que los centros se guíen por los principios de TRANSPARENCIA Y RENDICIÓN DE CUENTAS por su gestión educativa a las familias, con independencia de si se trata de centros públicos o privados?

36. ¿Le parece importante reforzar la RESPONSABILIDAD DE FAMILIAS EN LA TOMA DE DECISIONES DEL CENTRO EDUCATIVO SOBRE SU PERSONAL, CONTENIDOS IMPARTIDOS, ACTIVIDADES EDUCATIVAS DEL CENTRO?

Consulte por favor el Anexo 1 para responder a estas últimas preguntas:

37. Señale 15 principios que le parezcan esenciales de la lista del Anexo 1 que deberían por ello incluirse en el Pacto Educativo.

38. Señale los 5 principios de su lista que considera irrenunciables y que deberían aparecer como ejes del posible Pacto Educativo.

39. Señale los principios del Anexo 1 que deberían formar parte del diálogo y consenso político y social en torno a la educación escolar en España.

40. Si le parece que hay algún principio importante que no se haya mencionado, ¿puede añadirlo, por favor?

Anexo 1 SOBRE PRINCIPIOS EDUCATIVOS
PRINCIPIOS E INDICADORES
PRINCIPIOS EDUCATIVOS PARA EL ALUMNADO (orden alfabético)

1. ACCESO IGUALITARIO A EDUCACIÓN SUPERIOR (asegura el acceso igualitario de todas las personas a una formación técnica, profesional y superior de calidad, incluida la enseñanza universitaria)

2. ADECUACIÓN NECESIDADES EDUCATIVAS ESPECIALES (con recursos, centros y especialistas según las necesidades diagnosticadas por médicos/psicólogos clínicos)

3. CALIDAD EDUCATIVA (asegura que todos los niños terminen la enseñanza primaria y secundaria)

4. DESARROLLO SOSTENIBLE (asegura que todos los alumnos adquieran los conocimientos teóricos y prácticos necesarios para promover el desarrollo sostenible)

5. DIÁLOGO Y TOLERANCIA

6. EMPLEABILIDAD (aumentando las competencias necesarias para acceder al empleo)

7. EQUIDAD EDUCATIVA (educar según las diferencias y necesidades individuales, sin que las condiciones económicas, demográficas, geográficas, éticas o de género supongan un impedimento al aprendizaje)

8. EMPODERAMIENTO FEMENINO (enfoque niñas hacia ciencias experimentales y tecnologías; actividades a favor de las niñas)

9. ESPECIALIZACIÓN TECNOLÓGICA (nuevas asignaturas relativas a informática y NNTT, USO RESPONSABLE DE LAS MISMAS)

10. HONESTIDAD ACADÉMICA

11. INNOVACIÓN PEDAGÓGICA (evaluación por competencias, uso de nuevas tecnologías, supresión de exámenes)

12. INTEGRACIÓN SOCIAL (inclusión de alumnos con necesidades educativas especiales en las mismas aulas que los alumnos sin esas necesidades)

13. INTERNACIONALIZACIÓN (estudio de idiomas y asignaturas en otros idiomas)

14. MÉRITO ACADÉMICO (evaluación por niveles de conocimiento, rendimiento y esfuerzo)

15. PERSPECTIVA CAMBIO CLIMÁTICO (promoviendo actividades y/o asignaturas que eduquen para una sociedad climáticamente neutra y ecológica)

16. PERSPECTIVA DE GÉNERO

17. RESPONSABILIDAD Y PARTICIPACIÓN (de los alumnos en toma de decisiones que afecten a su convivencia, educación, gestión de sus conocimientos)

PRINCIPIOS EDUCATIVOS PARA PROFESORADO (orden alfabético)

1. FORMACIÓN CONTINUA OBLIGATORIA (favorecer estudios puente entre Magisterio y especialidades universitarias relacionadas con las materias que imparten, cursos de libre configuración siempre que se justifiquen con la especialidad/competencia que se desea aprender o desarrollar)
2. ESPECIALIZACIÓN (favorecer reconocimiento económico y social del desarrollo personal en especialidades académicas)
3. EXCELENCIA (por ejemplo subiendo la nota de entrada al Grado, asegurando una nota media mínima en la carrera, fomentando la investigación especializada y/o interdisciplinar)
4. LIBERTAD DE EXPRESIÓN, DE CÁTEDRA
5. RECONOCIMIENTO PROFESIONAL (complementos docentes, complementos investigación, complementos transferencia conocimiento al ámbito escolar)
6. RECONOCIMIENTO ECONÓMICO Y SOCIAL (exenciones fiscales, gratuidad en servicios públicos y actividades culturales de iniciativa privada, becas de estudio para hijos de docentes, servicio médico de apoyo a la docencia)
7. INSPECCIÓN INDEPENDIENTE DE LA ACTIVIDAD PROFESORADO y DEL CENTRO (en cada centro educativo realizada por un grupo aleatorio formado por representante de padres, de alumnos, de profesores, de personal de servicios que rinda cuentas a la ANECA de los aspectos inspeccionados)
8. SERVICIO APOYO AL MAESTRO EN LOS CENTROS (psicopedagógico, refuerzo de su autoridad, equipos de apoyo a alumnos con necesidades especiales, solución conflictos)

PRINCIPIOS EDUCATIVOS PARA OTROS AGENTES EDUCATIVOS (FAMILIA, ESTADO GESTORES EDUCACIÓN) (orden alfabético)

1. CAPACIDAD DE DECIDIR EN PLANES DE ESTUDIO, TITULACIONES
2. CAPACIDAD DE DOTAR ECONÓMICAMENTE
3. CAPACIDAD DE DECIDIR SOBRE LOS CONTENIDOS QUE ESTUDIAN SUS HIJOS EN MATERIAS DE CONCIENCIA, como la formación moral y religiosa
4. DERECHO A FORMACIÓN DESDE EL CENTRO EDUCATIVO PARA CO-EDUCAR (cómo transmitir morales, religiosos, ayuda en la gestión de conflictos, en la educación afectivo-sexual de los hijos, en el diálogo, en el uso responsable de nuevas tecnologías, etc.)
5. DERECHO A SER INFORMADOS CON ANTERIORIDAD de todo lo que afecta al desarrollo escolar (horarios, calendarios, guías docentes, etc) y DEBER DE RESPONDER Y DAR SU CONFORMIDAD u ofrecer soluciones alternativas que contribuyan a la educación de sus hijos aprobadas por el centro.
6. LIBERTAD DE ELECCIÓN DE CENTRO EDUCATIVO (garantizar libre acceso a educación en centro privado y/o público a todas las familias)
7. TRANSPARENCIA Y RENDICIÓN DE CUENTAS con responsabilidad por ello
8. RESPONSABILIDAD DE FAMILIAS EN LA TOMA DE DECISIONES DEL CENTRO EDUCATIVO SOBRE PERSONAL, CONTENIDOS, GESTIÓN DEL CENTRO (actividades extracurriculares, otros servicios del centro)

Si hay algún principio educativo que considera importante y no aparece, por favor señálelo al encuestador al acabar de contestar las preguntas. Muchas gracias.

SEGUNDO BLOQUE DE PREGUNTAS

Siendo las respuestas:

4 = muy importante/ muy conveniente/ esencial/ muy de acuerdo/ verdadero

3 = importante/ conveniente/ necesario/ conforme

2 = indiferente / neutro / superfluo/ innecesario

1 = en desacuerdo/ poco relevante/ poco conveniente/ poco necesario

0 = totalmente en contra/inconveniente/ perjudicial/ falso

Preguntas sobre el segundo bloque de OBJETIVOS EDUCATIVOS

El Anexo 2 presenta una lista de posibles objetivos o fines que deberían/podrían lograrse a través de la educación general en edad escolar obligatoria. Consulte el Anexo 2 cuando desee concretar el significado de alguno de los OBJETIVOS. Si hay algún objetivo que le parece que falta y lo considera muy importante, indíquelo al encuestador al finalizar el cuestionario. Muchas gracias.

Indique por favor su grado de acuerdo o desacuerdo con ellos respecto a la necesidad de que sean incluidos en el Pacto educativo. Se ha añadido la categoría "verdadero" al número 4 y "falso" al número 0.

Señale su grado de conformidad de 4 a 0 con cada una de estas afirmaciones o preguntas:

1. La educación general debe centrarse en el APRENDIZAJE tanto de CONTENIDOS TEÓRICOS, como de su dimensión práctica.

2. Es conveniente/necesario que los alumnos acaben sus estudios escolares habiendo desarrollado la CAPACIDAD DE ABSTRACCIÓN.

3. Es conveniente/necesario que los alumnos acaben sus estudios escolares habiendo desarrollado la CAPACIDAD DE AHORRO y sus CONOCIMIENTOS ECONÓMICOS.

4. La educación escolar contribuye a mejorar la COHESIÓN SOCIAL FUTURA y la CONVIVENCIA.

5. Es conveniente/necesario que los alumnos acaben sus estudios escolares habiendo desarrollado la CONCIENCIA DEL CAMBIO CLIMÁTICO.

6. Es conveniente/necesario que los alumnos acaben sus estudios escolares habiendo desarrollado su CONOCIMIENTO DEL MEDIO HISTÓRICO Y SOCIAL en el que viven.

7. Es conveniente/necesario que los alumnos acaben sus estudios escolares habiendo adquirido un CONOCIMIENTO DEL MEDIO NATURAL próximo y lejano.

8. Es conveniente/necesario que los alumnos acaben sus estudios escolares habiendo desarrollado el CONOCIMIENTO de sí mismos, aprendiendo a aceptarse como son y con autoestima alta.

9. Es conveniente/ necesario que todos los alumnos en educación escolar reciban ORIENTACIÓN PROFESIONAL personalizada.

10. Es parece conveniente/necesario que los alumnos acaben sus estudios escolares habiendo adquirido un CONOCIMIENTO TECNOLÓGICO básico y responsable.

11. Es conveniente/necesario que los alumnos acaben sus estudios escolares habiendo adquirido CONOCIMIENTOS JURÍDICOS BÁSICOS adaptados a su nivel propios de un ciudadano.

12. Es conveniente/necesario que los alumnos acaben sus estudios escolares habiendo adquirido en el colegio su EDUCACIÓN AFECTIVA, DE GÉNERO Y SEXUAL.

13. Es importante educar a los alumnos en edad escolar en el ESFUERZO y en la RESILIENCIA.

14. Es conveniente/necesario que los alumnos acaben sus estudios escolares habiendo desarrollado la capacidad ESTÉTICA Y ARTÍSTICA.

15. Es conveniente/necesario que los alumnos acaben sus estudios escolares habiendo recibido una EDUCACIÓN FÍSICA y relacionada con su salud en general.

16. Es conveniente/necesario que los alumnos acaben sus estudios escolares habiendo desarrollado una EDUCACIÓN MORAL O EN VALORES cívicos y sociales.

17. Es conveniente/necesario que los alumnos acaben sus estudios escolares habiendo recibido una EDUCACIÓN RELIGIOSA en el centro educativo.

18. Es conveniente/necesario que los alumnos finalicen su educación general habiendo desarrollado su EMPLEABILIDAD y capacidad de EMPRENDIMIENTO.

19. Es necesario que que la educación básica se comprometa a EMPODERAR A LAS MUJERES en las clases y/o mediante asignaturas especificas.

20. Es conveniente/necesario que los alumnos acaben sus estudios escolares habiendo desarrollado su capacidad de EXPRESIÓN ORAL y ESCRITA.

21. Es conveniente/necesario que se hagan presentes en la educación general medidas que faciliten la IGUALDAD y la EQUIDAD en el acceso a la educación elegida.

22. Es conveniente/necesario que se hagan presentes en la educación general medidas que faciliten la IGUALDAD y la EQUIDAD en la evaluación y en los resultados académicos de los alumnos? (por ejemplo eliminar exámenes, eliminar notas, no repetir curso...)

23. La integración de alumnos con necesidades especiales diagnosticadas médicamente en centros educativos ordinarios contribuye a mejorar su INTEGRACIÓN SOCIAL A CORTO (con los demás niños de su edad).

24. La integración de alumnos con necesidades especiales diagnosticadas médicamente en centros educativos ordinarios contribuye a mejorar su INTEGRACIÓN SOCIAL A LARGO PLAZO (en la sociedad).

25. Es conveniente/necesario que los alumnos acaben sus estudios escolares habiendo desarrollado su capacidad de LÓGICA Y RAZONAMIENTO para resolver problemas y su capacidad de PENSA-MIENTO CRÍTICO.

26. ¿Le parece importante que se hagan presentes en la educación general medidas que faciliten el RESPETO y la TOLERANCIA entre los alumnos?

27. Es conveniente/necesario que los alumnos acaben sus estudios escolares habiendo desarrollado su SENTIDO de RESPONSABILIDAD PERSONAL Y SOCIAL (clase, centro, barrio).

28. Es conveniente/necesario que los alumnos acaben sus estudios escolares habiendo desarrollado sobre todo su SENTIDO SOCIAL DE IDENTIDAD Y DE PERTENENCIA A SU COMUNIDAD AUTÓ-NOMA.

29. Es conveniente/necesario que los alumnos acaben sus estudios escolares habiendo desarrollado su IDENTIDAD SOCIAL Y DE PERTENENCIA COMO MIEMBRO DE LA COMUNIDAD INTERNA-CIONAL al igual que de su identidad nacional.

30. Es conveniente/necesario que los alumnos acaben sus estudios escolares habiendo desarrollado exclusivamente su SENTIDO DE IDENTIDAD GLOBAL Y DE PERTENENCIA A LA COMUNIDAD INTERNACIONAL.

31. Es conveniente/necesario que los alumnos acaben sus estudios escolares habiendo desarrollado su SENTIDO DE IDENTIDAD SOCIAL Y DE PERTENENCIA AL PAÍS EN EL QUE VIVEN (ESPAÑA).

Consulte por favor el Anexo 2 y conteste estas dos preguntas. Gracias.

32. Considero prioritarios en un posible Pacto Educativo estos 10 objetivos educativos:

33. ¿Hay algún objetivo educativo que no aparece y desearía añadir?

Anexo 2 OBJETIVOS EDUCATIVOS (lista en orden alfabético)
"La educación básica en la escuela es la herramienta esencial para lograr:..."

1. ADQUIRIR CONOCIMIENTO PROPIAS CAPACIDADES, LIMITES (conocimiento propio, aceptación, autoestima)
2. ADQUIRIR CONOCIMIENTO TECNOLÓGICO (capacidad de programar y usar NNTT)
3. ADQUIRIR CONOCIMIENTOS JURÍDICOS BÁSICOS (aplicado a la ciudadanía, bienes públicos, patrimonio nacional, mayoría edad, contratos básicos)
4. ADQUIRIR FORMACIÓN MORAL O EN VALORES (estudio de la ética)
5. ADQUIRIR FORMACIÓN RELIGIOSA (estudio de la religión en sentido histórico y / o práctica religiosa concreta)
6. ADQUIRIR LOS VALORES DE RESPETO Y TOLERANCIA (comportamiento)
7. ADQUIRIR LOS VALORES DE RESPONSABILIDAD PERSONAL Y SOCIAL (comportamiento)
8. ADQUIRIR ORIENTACIÓN PROFESIONAL
9. APRENDER A VIVIR EN IGUALDAD Y EQUIDAD (comportamiento)
10. APRENDIZAJE CONTENIDOS TEÓRICOS BÁSICOS (asignaturas humanísticas)
11. ASIMILAR EL CONOCIMIENTO DEL MEDIO HISTÓRICO Y SOCIAL (asignaturas sociales)
12. ASIMILAR EL CONOCIMIENTO DEL MEDIO NATURAL (asignaturas científicas)
13. ASIMILAR SENTIDO DE IDENTIDAD Y PERTENENCIA COMO COMUNIDAD AUTÓNOMA (asignaturas como la lengua autóctona, historia de la comunidad, geografía natural, social y económica, cultura y tradiciones locales)
14. ASIMILAR SENTIDO DE IDENTIDAD Y PERTENENCIA COMO MIEMBRO DE LA COMUNIDAD INTERNACIONAL (asignaturas relativas a la comunidad internacional: historia, organismos, políticas y alianzas económicas mundiales, idiomas extranjeros, otras culturas y civilizaciones)
15. ASIMILAR SENTIDO DE IDENTIDAD Y PERTENENCIA COMO PAÍS (asignaturas: historia, lenguas co-oficiales, tradiciones cultura y arte de cada región, geografía social, económica y natural de cada región)
16. CONCIENCIAR DEL CAMBIO CLIMÁTICO
17. DESARROLLAR EL PENSAMIENTO CRÍTICO, LÓGICA Y RAZONAMIENTO
18. DESARROLLAR LA CAPACIDAD DE ESFUERZO Y RESILIENCIA
19. DESARROLLAR LA CAPACIDAD DE EXPRESIÓN ORAL Y ESCRITA
20. DESARROLLAR LA CAPACIDAD ESTÉTICA Y ARTÍSTICA
21. DESARROLLAR LA EDUCACIÓN AFECTIVA, DE GÉNERO Y SEXUAL
22. DESARROLLARSE FÍSICAMENTE
23. DESARROLLO DE LA CAPACIDAD DE ABSTRACCIÓN
24. DESARROLLO DE LA CAPACIDAD DE AHORRO Y CONOCIMIENTOS ECONÓMICOS
25. EL EMPODERAMIENTO DE LAS MUJERES
26. LA INTEGRACIÓN SOCIAL DE PERSONAS CON NECESIDADES EDUCATIVAS ESPECIALES A CORTO (con los demás niños de su edad)
27. LA INTEGRACIÓN SOCIAL DE PERSONAS CON NECESIDADES EDUCATIVAS ESPECIALES A LARGO PLAZO (en la sociedad)
28. LOGRAR UNA COHESIÓN SOCIAL FUTURA, PODER CONVIVIR Y TRABAJAR JUNTOS EN PAZ
29. SER EMPLEABLE Y/O EMPRENDEDOR EN EL FUTURO

Preguntas sobre el tercer bloque de INSTRUMENTOS/HERRAMIENTAS EDUCATIVAS
El Anexo 3 presenta una lista de posibles instrumentos o herramientas económicas, sociales, pedagógicas y psicológicas que pueden guiar las políticas educativas alineadas con un posible Pacto educativo. Indique por favor su grado de acuerdo o desacuerdo con ellos de 4 a 0 considerando su grado de necesidad/conveniencia. Si hay alguna que le parece que falta y desea que se tenga en cuenta, indíquelo al encuestador al finalizar el cuestionario. Muchas gracias por su colaboración.

ANEXO 3 SOBRE INSTRUMENTOS / MEDIDAS EDUCATIVAS

1. CONCIERTOS Y/O SUBVENCIONES
2. INICIATIVA PRIVADA EMPRESARIAL/SOCIAL
3. CHEQUE ESCOLAR
4. ACTIVIDADES EXTRACURRICULARES
5. PLANES DE ESTUDIO, ASIGNATURAS
6. EVALUACIÓN
7. LENGUA CASTELLANA Y LENGUAS CO-OFICIALES
8. IDIOMAS EXTRANJEROS
9. RECURSOS DE APOYO AL PROFESORADO
10. RECURSOS DE APOYO A LAS FAMILIAS

A continuación, aparecen unas preguntas SOBRE MEDIDAS CONCRETAS QUE HAN RESULTADO CONTROVERTIDAS EN ALGÚN MOMENTO en el ámbito político y social español. Deseamos poder averiguar **si hay mayor consenso que el reflejado por nuestros representantes políticos en torno a ellos y hallar, si existen, posibles áreas de colaboración.**

Siendo las respuestas:

4 = muy importante/ muy conveniente/ esencial/ completamente de acuerdo
3 = algo importante/ conveniente/ necesario/ conforme
2 = indiferente / neutro / superfluo/ innecesario
1 = en desacuerdo/ poco relevante/ poco conveniente/ poco necesario
0 = inconveniente/ perjudicial/ totalmente en contra

Conteste por favor la encuesta mostrando su grado de conformidad o desacuerdo de 4 a 0 en cada una de las siguientes preguntas o afirmaciones.

TERCER Y ÚLTIMO BLOQUE DE LA ENCUESTA

Respecto de los medios económicos que le parecería bien incluir en un posible Pacto educativo:

1. Es conveniente o necesario que la educación escolar dependa desde el punto de vista presupuestario únicamente del Gobierno.

2. ¿Le parece que se deben poder más soluciones económicas que faciliten la libertad de elección de centro educativo?

3. Es conveniente/necesario que exista un margen de competencia entre centros educativos para favorecer una oferta educativa diversa y/o de calidad.

Respecto de los instrumentos pedagógicos que convendría fijar en un posible Pacto educativo:

4. Señale el grado de importancia que le parece que tiene que la legislación general del Estado regule los contenidos mínimos del currículum escolar.

5. Señale el grado de importancia que le parece que tiene que la legislación general del Estado regule la totalidad de los contenidos del currículum escolar.

6. Señale el grado de importancia que le parece que tiene que la legislación general del Estado establezca un solo modo de evaluar el conocimiento teórico y unos indicadores comunes a los centros para evaluar el conocimiento práctico y/o comportamental

7. Señale el grado de importancia que le parece que tiene que la legislación general del Estado acepte diferentes formas de evaluar el aprendizaje de las asignaturas.

8. Señale si los exámenes con evaluación numérica que buscan evidenciar el conocimiento de la asignatura deberían formar parte del modo de evaluar las asignaturas (adaptándose a la edad y la madurez intelectual de los alumnos).

9. Señale si le parece conveniente introducir una valoración competencial complementaria del alumno como parte de su rendimiento académico global.

10. Señale si le parece conveniente adaptar la evaluación académica a notas numéricas complementadas con un informe la evaluación competencial, generando así un informe global de cada alumno.

11. Señale si le parece conveniente establecer un sistema de sanciones o deberes académicos que permitan al alumno superar la falta de conocimiento a la que no llegó en el tiempo y/o en la forma establecida en el centro.

12. ¿Le parece necesario garantizar a nivel nacional la igualdad de pruebas de la EVAU/EBAU?

13. Otras sugerencias de índole psicopedagógica (especificar):

Respecto del idioma de enseñanza con vistas a consolidar un Pacto educativo:

14. Señale el grado de importancia que le parece que tiene el hecho de que se pueda cursar en castellano todo el currículo educativo en todo el territorio nacional.

15. Señale el grado de necesidad/conveniencia de que pueda cursarse el currículo educativo básico en una sola lengua co-oficial, sin evidenciar conocimiento suficiente de lengua castellana y de las demás lenguas co-oficiales.

16. Señale el grado de importancia que le parece que tiene el hecho de incluir obligatoriamente en todos los planes de estudio las distintas lenguas co-oficiales propias de las distintas CC.AA. de todo el país (conocimiento básico).

17. Señale el grado de importancia que le parece que tiene el hecho de incluir en los planes de estudio autonómicos la opción de padres y alumnos de estudiar la lengua co-oficial propia de su C.A. en igual número de horas y número de asignaturas que en lengua castellana.

18. Respecto de la enseñanza en idiomas extranjeros señale el grado de necesidad de exigir a los centros educativos bilingües y/o aquellos que imparten toda la enseñanza en lengua extranjera, la obligatoriedad para sus alumnos de aprobar un examen adicional donde muestren conocimiento básico equiparable a los planes de estudio nacionales en las materias de Lengua y Literatura españolas, Historia e Historia del arte españoles.

19. Señale el grado de importancia/necesidad que le parece que tiene la enseñanza confesional religiosa evaluable en todos los centros educativos del territorio nacional, siempre que haya un grupo de padres que soliciten que se imparta.

20. Señale el grado de importancia/necesidad que le parece que tiene la enseñanza confesional cristiana por defecto en todos los centros educativos del territorio nacional.

21. Pensando en un posible Pacto educativo señale dos de estas opciones que le parezcan más adecuadas respecto de la enseñanza de la religión:

a. Enseñanza confesional religiosa obligatoria evaluable en todos los centros, a elegir por parte de los alumnos/familias, siempre que haya un número que lo justifique. Para quien no la desee existirá una asignatura alternativa sobre el hecho religioso y la relación de las religiones en la Historia y en el mundo.

b. Enseñanza confesional religiosa voluntaria, no evaluable, fuera del horario escolar, en el colegio.

c. Enseñanza confesional religiosa voluntaria fuera del colegio en lugares habilitados para ello (parroquias, mezquitas, sinagogas)

d. Enseñanza religiosa confesional, evaluable, optativa (con otra asignatura alternativa sobre ética y valores).

e. Enseñanza sobre el hecho religioso y las religiones en la Historia y el mundo obligatoria, evaluable, común a todos los centros.

f. Debe enseñarse fuera del colegio

22. Pensando en un posible Pacto educativo señale la opción que le parezca más adecuada respecto de la enseñanza afectivo-sexual:

a. Materia obligatoria en todos los centros, desde educación infantil

b. Materia obligatoria en todos los centros para los ciclos de ESO y Bachillerato

c. Materia opcional (a criterio de los padres y familiares) en todos los centros

d. Materia opcional (a criterio de los centros)

e. No es necesaria en el currículo educativo en ninguno de sus ciclos

f. Debe enseñarse en familia

g. Debe impartirla en horario y régimen extraescolar un profesional especializado

23. ¿Le parece necesario que la enseñanza de la Historia de España abarque desde su formación peninsular hasta el momento actual?

24. ¿Le parece necesario que la enseñanza de la Historia universal abarque los principales hitos universales que han marcado cada época y civilización precedentes en todo el mundo?

25. ¿Le parece necesario mantener el estudio de autores clásicos de Filosofía en todas sus épocas?

26. ¿Le parece necesario censurar/eliminar la enseñanza de alguna época histórica de la Historia de España? Sí / No. En caso afirmativo, ¿Cuál?

27. ¿Le parece necesario censurar/eliminar la enseñanza de alguna época histórica de la Historia universal? Sí / No. En caso afirmativo, ¿Cuál?

28. ¿Le parece necesario censurar/eliminar la enseñanza de algún autor filosófico? Sí / No. En caso afirmativo, ¿Cuál?

29. Otras sugerencias (especificar):

Respecto de las posibles medidas de apoyo al profesor/centros educativos de cara a un posible Pacto educativo:

30. Señale la necesidad/conveniencia de crear nuevas especialidades pedagógicas relacionadas con el apoyo a necesidades especiales de alumnos.

31. ¿Estaría a favor de reforzar los centros educativos con personal especializado en terapias cognitivas que asistan y ayuden a alumnos con necesidades especiales en las aulas?

32. ¿Le parecería conveniente/necesario dotar a los centros educativos de un equipo de personal especializado en la facilitación en la gestión de grupos, mediación de conflictos, integración social y acompañamiento familiar?

33. Señale la necesidad/conveniencia de premiar a nivel autonómico y/o nacional la excelencia docente, investigadora y de transferencia de conocimiento psicopedagógico de profesores de enseñanza obligatoria.

34. ¿Estaría a favor de que se organizasen más concursos u olimpiadas académicas, voluntarias, por asignaturas a nivel autonómico y/o nacional?

35. ¿Le parece oportuno solicitar al Gobierno la creación de una especialidad educativa para graduados fisioterapeutas, psicólogos, trabajadores sociales y asistentes técnicos sanitarios que deseen dedicarse a la enseñanza de alumnos con necesidades educativas especiales diagnosticadas médicamente?

36. ¿Le parece conveniente que se exija una nota media de corte a partir de 7.5/10, (o su equivalente en la EVAU) a los jóvenes que deseen matricularse en el Grado de Magisterio?

37. Otras sugerencias (especificar)

Respecto de las medidas de refuerzo a la participación de las familias en el ejercicio del derecho a la educación de cara a consolidar un Pacto educativo:

38. Señale la importancia de reconocer un derecho excepcional a la objeción de conciencia aparejado a una obligación alternativa de completar la dimensión educativa ante la que se objeta.

39. Señale la importancia de la necesidad de transparencia informativa del centro respecto de las familias en lo relativo al régimen de enseñanza, acceso a profesores, organización del centro.

40. Señale la importancia de contar con el consentimiento informado de los padres/familias en lo que afecta a la educación de su/s hijo/s.

41. Señale la importancia de contar con el consentimiento informado de los padres/ familias en la organización de actividades extracurriculares.

42. Señale la importancia de contar con la participación de los padres/familias en la organización de actividades extracurriculares o días de celebración de algún evento en todo el centro.

43. Señale la importancia de dotar a las familias de capacidad económica básica para poder elegir centro educativo con independencia del coste de matrícula en dicho centro.

44. Señale la importancia de establecer medidas que garanticen el respeto por parte de los centros del derecho de los padres/familias a la guarda y tutela de los hijos en materia educativa.

45. Otras sugerencias (especificar)

Anexo 2. Listado de entidades de la muestra

DENOMINACIÓN	INSTITUCIÓN	WEB
ASOCIACIONES DE CENTROS (7)		
ESCUELAS CATÓLICAS		www.escuelascatolicas.es
CECE	Confederación Española de Centros de Enseñanza	www.cece.es
CONCEE	Confederación de Centros Educativos	https://www.concee.es
FESYE	Fundación Europea Sociedad y Educación	https://www.sociedadyeducacion.org
CICAE	Asociación de Colegios Privados e Independientes	https://www.cicae.com/contacto/
COAS	Grupo Educativo COAS	https://gecoas.com/contacto/
ANCEE	ANCEE. Asociación Nacional de Centros de Educación Especial	http://ancee.es/
ASOCIACIONES DE PADRES (6)		
CONCAPA	Confederación Católica Nacional de Padres de Familia y padres de Alumnos.	www.concapa.org
COFAPA	Confederacion de padres de alumnos	www.cofapa.net
FEYF	Educación y Familias	federacion@educacionyfamilias.org
FAFCE	Federation of catholic family y asociations in Europe	
CEAPA	CEAPA (familias alumnos)	www.ceapa.es
SINDICATOS (6)		
FSIE	Sindicato independiente de Enseñanza	www.fsie.es
FEUSO	Sindicato independiente de Enseñanza	www.feuso.es
ANPE	Sindicato independiente de profesores de educación pública	https://anpemadrid.es/
CSTE	Confederación de Sindicatos de Trabajadores y Trabajadoras de la Enseñanza	https://www.stes.es/

CCOO	CCOO Enseñanza	https://fe.ccoo.es/
	Comisiones Obreras. Educación	(p.badia@fe.ccoo.es)
STES	STES (Sindicato de profesores)	www.stes.es
THINK TANKS (6)		
Yolibre		www.yolibre.org
En Libertad de Educación	Iniciativa para la libertad de Enseñanza	www.enlibertadeducación.es
Fundación Europea Sociedad y Educación		www.sociedadyeducacion.org
En Libertad y Más Plurales		
The family Watch		https://thefamilywatch.org
Fundacion Yehudi Menuhim		https://fundacionyehudimenuhin.org/
INTERNACIONALES (3)		
COMECE	Comisión de las Conferencias Episcopales de la Unión Europea	www.comece.eu
OIDEL	Promocion del derecho a la educación y libertades educativas	www.oidel.org
ECLJ	Centro Euoropeo de Derecho y Justicia	www.eclj.orh
GRUPOS EDUCATIVOS (5)		
CEU		
EDUCATIVO SERVANDA	Fundación Educatio Servanda	https://www.educatioservanda.org
FUNDACION ARENALES		
FOMENTO		
ATTENDIS	http://attendis.com	
OTRAS ASOCIACIONES (7)		
ROSA SENSAT	Rosa Sensat	www.rosasensat.org
IPF	Instituto de Política Familiar	mmaedo@ipfe.org

BITÁCORA XXI	Asociación Bitácora XXI	http://www.labitacoraxxi.org
GEYS	Grupo Educación y Sistemas	https://grupoeducacionysistemas.com/contacto/
CLUZ	Colectivo Luziriaga	colectivo@colectivolorenzoluziriaga.com
MEP	Asociación Mejora tu Escuela Pública	https://es-es.facebook.com/mejoratuescuelapublica/
AECYS	Asociación Educación Cultura y sociedad	AECyS (eculturas.org)

10. Bibliografía

Amiguet, J.M. (2022). "Libertad educativa en punto muerto. Reflexiones para la acción". En *Libertad y responsabilidad educativa: Claves para renovar el diálogo social.* Valencia: Tirant lo Blanch.

Buber, M. (1962): *Yo y tú y otros ensayos.* 2ªed. Buenos Aires: Prometeo.

Coll, C. (1991). *Psicología y curriculum.* Barcelona: Paidós.

Diderot, D y d'Alembert. *Articulo "Educación" en La enciclopedia.* Traducido y recogido en Historia de la Educación en España (1985). Madrid: Ministerio de Educación y Ciencia.

Etzioni, A. (1995). *The spirit of community, rights, responsabilities, and the commnitarian agenda.* London: Fontana.

Santos, P. (dir) (2021). *La libertad de educación: un análisis interdisciplinar de sus presupuestos y condicionamientos actuales.* Valencia: Tirant lo Blanch.

Sánchez-Sierra, A. (2022). "La concepción educativa de la izquierda en España: un análisis de los programas electorales de PSOE e IU/PODEMOS". En *Libertad y responsabilidad educativa: Claves para renovar el diálogo social.* Valencia: Tirant lo Blanch.

Scheler, M. (2015) *Esencia y forma de la simpatía.* Salamanca: Sígueme.

Wojtyla, K. (1990). *Persona y acción.* Madrid: Biblioteca Palabra, Series Pensamiento num.40